邓中甲于美洲中医学院

邓中甲（右）和王绵之在一起

邓中甲

川派中医药名家系列丛书

张晓丹　主编

全国百佳图书出版单位

中国中医药出版社

·北京·

图书在版编目（CIP）数据

川派中医药名家系列丛书 . 邓中甲 / 张晓丹主编 . — 北京：
中国中医药出版社，2021.6
ISBN 978 – 7 – 5132 – 6628 – 4

Ⅰ . ①川⋯ Ⅱ . ①张⋯ Ⅲ . ①邓中甲—生平事迹 ②中
医临床—经验—中国—现代 Ⅳ . ① K826.2 ② R249.7

中国版本图书馆 CIP 数据核字（2021）第 003956 号

中国中医药出版社出版

北京经济技术开发区科创十三街 31 号院二区 8 号楼
邮政编码　100176
传真　010-64405721
廊坊市祥丰印刷有限公司印刷
各地新华书店经销

开本 710×1000　1/16　印张 10.5　彩插 0.5　字数 176 千字
2021 年 6 月第 1 版　2021 年 6 月第 1 次印刷
书号　ISBN 978 – 7 – 5132 – 6628 – 4

定价　49.00 元
网址　www.cptcm.com

社 长 热 线　010-64405720
购 书 热 线　010-89535836
维 权 打 假　010-64405753

微信服务号　zgzyycbs
微商城网址　https://kdt.im/LIdUGr
官 方 微 博　http://e.weibo.com/cptcm
天猫旗舰店网址　https://zgzyycbs.tmall.com

如有印装质量问题请与本社出版部联系（010-64405510）

邓中甲（左）与郭子光

邓中甲（左）与成都中医药大学一位外籍方剂学博士

邓中甲（左一）参加方剂学术年会

邓中甲（左二）在工作室看诊

邓中甲（右三）与海外毕业研究生合影

邓中甲在台湾长庚大学

邓中甲主编、主审、参编的部分著作、教材

邓中甲部分获奖证书、聘书

总序————————加强文化建设，唱响川派中医

四川，雄踞我国西南，古称巴蜀。成都平原自古就有天府之国的美誉，天府之土，沃野千里，物华天宝，人杰地灵。

四川号称"中医之乡""中药之库"，巴蜀自古出名医、产中药。据历史文献记载，从汉代至清代，见诸文献记载的四川医家有 1000 余人，川派中医药影响医坛 2000 多年，历久弥新；川产道地药材享誉国内外，业内素有"无川（药）不成方"的赞誉。

医派纷呈　源远流长

经过特殊的自然、社会、文化的长期浸润和积淀，四川历代名医辈出，学术繁荣，医派纷呈，源远流长。

汉代以涪翁、程高、郭玉为代表的四川医家，奠定了古蜀针灸学派。郭玉为涪翁弟子，曾任汉代太医丞。涪翁为四川绵阳人，曾撰著《针经》，开巴蜀针灸先河，影响深远。1993 年，在四川绵阳双包山汉墓出土了最早的汉代针灸经脉漆人；2013 年，在成都老官山汉墓再次出土了汉代针灸漆人和 920 支医简，带有"心""肺"等线刻小字的人体经穴髹漆人像是我国考古史上的首次发现，应是我

国迄今发现的最早、最完整的经穴人体医学模型，其精美程度令人咋舌！这又一次证明了针灸学派在巴蜀有悠久的历史，影响深远。

四川山清水秀，名山大川遍布。道教的发祥地青城山、鹤鸣山就坐落在成都市。青城山、鹤鸣山是中国的道教名山，也是中国道教的发源地之一，自东汉以来历经近2000年，不仅传授道家的思想，道医的学术思想也因此启蒙产生。道家注重炼丹和养生，历代蜀医多受影响，一些道家也兼行医术，如晋代蜀医李常在、李八百，宋代皇甫坦，以及明代著名医家韩懋（号飞霞道人）等，可见丹道医学在四川影响之深远。

川人好美食，以麻、辣、鲜、香为特色的川菜享誉国内外。川人性喜自在休闲，养生学派也因此产生。长寿之神——彭祖，号称活了800岁，相传他经历了尧、舜、夏、商诸朝，据《华阳国志》载，"彭祖本生蜀""彭祖家其彭蒙"，由此推断，彭祖不但家在彭山，而且他晚年也落叶归根于此，死后葬于彭祖山。彭祖山坐落在眉山市彭山县。彭祖的长寿经验在于注意养生锻炼，他是我国气功的创始人，其健身法被后人写成"彭祖导引法"。他善烹饪之术，创制的"雉羹之道"被誉为"天下第一羹"，屈原在《楚辞·天问》中写道："彭铿斟雉，帝何飨？受寿永多，夫何久长？"这也反映了彭祖在推动我国饮食养生方面做出了重要贡献。五代至北宋初年，四川安岳人陈希夷，为著名的道教学者，著有《指玄篇》《胎息诀》《观空篇》《阴真君还丹歌注》等，他注重养生，强调内丹修炼法，将黄老的清静无为思想、道教修炼方术和儒家修养、佛教禅观会归一流，被后世尊称为"睡仙""陈抟老祖"。现安岳县有保存完整的明代陈抟墓，以及陈抟的《自赞铭》，这是全国独有的实物。

四川医家自古就重视中医脉学，成都老官山汉墓出土的汉代医简中就有《五色脉诊》（原有书名）一书，其余几部医简经初步整理暂定名为《敝昔医论》《脉死候》《六十病方》《病源》《经脉书》《诸病症候》《脉数》等。经学者初步考证推断这极有可能为扁鹊学派已经亡佚的经典书籍。扁鹊是脉学的倡导者，而此次出土的医书中脉学内容占有重要地位，一起出土的还有用于经脉教学的人体模型。唐代杜光庭著有脉学专著《玉函经》3卷，后世王鸿骥的《脉诀采真》、廖平的《脉学辑要评》、许宗正的《脉学启蒙》、张骥的《三世脉法》等，均为脉诊的发展做出了贡献。

咎殷，唐代四川成都人。咎氏精通医理，通晓药物学，擅长妇产科。唐大中年间，他将前人有关经、带、胎、产及产后诸症的经验效方及自己临证验方共378首，编成《经效产宝》3卷，是我国最早的妇产科专著。该书与北宋时期著名妇产科专家杨康侯（四川青神县人）编著的《十产论》等一批妇产科专论一起奠定了巴蜀妇产学派的基石。

宋代，以四川成都人唐慎微为代表撰著的《经史证类备急本草》，集宋代本草之大成，促进了本草学派的发展。宋代是巴蜀本草学派的繁荣发展时期，陈承的《重广补注神农本草并图经》，孟昶、韩保昇的《蜀本草》等，丰富、发展了本草学说，明代李时珍的《本草纲目》正是在此基础上产生的。

宋代也是巴蜀医家学术发展最活跃的时期。四川成都人、著名医家史崧献出了家藏的《灵枢》，校正并音释，名为《黄帝素问灵枢经》，由朝廷刊印颁行，为中医学发展做出了不可估量的贡献，可以说，没有史崧的奉献就没有完整的《黄帝内经》。虞庶撰著的《难经注》、杨康侯的《难经续演》，为医经学派的发展奠定了基础。

史堪，四川眉山人，为宋代政和年间进士，官至郡守，是宋代士人从医的代表人物之一，与当时的名医许叔微齐名，其著作《史载之方》为宋代重要的名家方书之一。同为四川眉山人的宋代大文豪苏东坡，也有《苏沈内翰良方》（又名《苏沈良方》）传世，是宋人根据苏轼所撰《苏学士方》和沈括所撰《良方》合编而成的中医书。上述著作加之明代韩懋的《韩氏医通》等方书，一起成为巴蜀医方学派的代表。

四川盛产中药，川产道地药材久负盛名。以回阳救逆、破阴除寒的附子为代表的川产道地药材，既为中医治病提供了优良的药材，也孕育了以附子温阳为大法的扶阳学派。清末四川邛崃人郑钦安提出了中医扶阳理论，他的《医理真传》

《医法圆通》《伤寒恒论》为奠基之作，开创了以运用附、姜、桂为重点药物的温阳学派。

清代西学东进，受西学影响，中西汇通学说开始萌芽。四川成都人唐宗海以敏锐的目光捕捉西学之长，融汇中西，撰著了《血证论》《医经精义》《本草问答》《金匮要略浅注补王》《伤寒论浅注补正》，后人汇为《中西汇通医书五种》，成为"中西汇通"的第一种著作，这也是后来人们将主张中西医兼容思想的医家称为"中西医汇通派"的由来。

名医辈出　学术繁荣

中华人民共和国成立后，历经沧桑的中医药受到党和国家的高度重视，在教育、医疗、科研等方面齐头并进，一大批中医药大家焕发青春，在各自的领域里大显神通，中医药事业欣欣向荣。

四川中医教育的奠基人——李斯炽先生，在 1936 年创立了"中央国医馆四川分馆医学院"，简称"四川国医学院"。该院为国家批准的办学机构，虽属民办但带有官方性质。四川国医学院也是成都中医学院（现成都中医药大学）的前身，当时会集了一大批中医药的仁人志士，如内科专家李斯炽、伤寒专家邓绍先、中药专家凌一揆等，还有何伯勋、杨白鹿、易上达、王景虞、周禹锡、肖达因等一大批蜀中名医，可谓群贤毕集，盛极一时。该学院共招生 13 期，培养高等中医药人才 1000 余人，这些人后来大多数都成了中华人民共和国成立后的中医药界领军人物，成为四川中医药发展的功臣。

1955 年国家在北京成立了中医研究院，1956 年在全国西、北、东、南各建立了一所中医学院，即成都中医学院、北京中医学院、上海中医学院、广州中医学院。成都中医学院第一任院长由周恩来总理亲自任命。李斯炽先生继创办四川国医学院之后又成为成都中医学院的第一任院长。成都中医学院成立后，在原国医学院的基础上，又会集了一大批有造诣的专家学者，如内科专家彭履祥、冉品珍、彭宪章、傅灿冰、陆干甫；伤寒专家戴佛延；医经专家吴棹仙、李克光、郭仲夫；中药专家雷载权、徐楚江；妇科专家卓雨农、曾敬光、唐伯渊、王祚久、王渭川；温病专家宋鹭冰；外科专家文琢之；骨科、外科专家罗禹田；眼科专家陈达夫、刘松元；方剂专家陈潮祖；医古文专家郑孝昌；儿科专家胡伯安、曾应台、肖正安、吴康衡；针灸专家余仲权、薛鉴明、李仲愚、蒲湘澄、关吉多、杨介宾；医史专家孔健民、李介民；中医发展战略专家侯占元等，真可谓人才济济，群星灿烂。

北京成立中医高等院校、科研院所后，为了充实首都中医药人才的力量，四川一大批中医名家进驻北京，为国家中医药的发展做出了巨大贡献，也展现了四川中医的风采！如蒲辅周、任应秋、王文鼎、王朴城、王伯岳、冉雪峰、杜自明、李重人、叶清心、龚志贤、方药中、沈仲圭等，各有精专，影响广泛，功勋卓著。

北京四大名医之首的萧龙友先生，为四川三台人，是中医界最早的学部委员（院士，1955年）、中央文史馆馆员（1951年），集医道、文史、书法、收藏等于一身，是中医界难得的全才！其厚重的人文功底、精湛的医术、精美的书法、高尚的品德，可谓"厚德载物"的典范。2010年9月9日，萧龙友先生诞辰140周年、逝世50周年，故宫博物院在北京隆重举办了"萧龙友先生捐赠文物精品展"，以缅怀先生，并表彰先生的收藏鉴赏水平和拳拳爱国情怀。萧龙友先生是一代举子、一代儒医，精通文史，书法绝伦，是中国近代史上中医界的泰斗、国学家、教育家、临床大家，是四川的骄傲，也是吾辈的楷模！

追源溯流　振兴川派

时间飞转，掐指一算，我自1974年赤脚医生的"红医班"始，到1977年大学学习、留校任教、临床实践、跟师学习、中医管理，入中医医道已40余年，真可谓弹指一挥间。俗曰：四十而不惑。在中医医道的学习、实践、历练、管理、推进中，我常常心怀感激，心存敬仰，常有激情和冲动，其中最想做的一件事就是将这些中医药实践的伟大先驱者，用笔记录下来，为他们树碑立传、歌功颂德！缅怀中医先辈的丰功伟绩，分享他们的学术成果，继承不泥古，发扬不离宗，认祖归宗，又学有源头，师古不泥，薪火相传，使中医药源远流长，代代相传，永续发展。

今天，时机已经成熟，四川省中医药管理局组织专家学者，编著了大型中医专著《川派中医药源流与发展》，横跨近 2000 年的历史，梳理中医药历史人物、著作，以四川籍（或主要在四川业医）有影响的历史医家和著作为线索，理清历史源流和传承脉络，突出地方中医药学术特点，认祖归宗，发扬传统，正本清源，继承创新，唱响川派中医药。其中，"医道溯源"是以清代以前的川籍或在川行医的中医药历史人物为线索，介绍医家的医学成就和学术精华，作为各学科发展的学术源头。"医派流芳"是以近现代著名医家为代表，重在学术流派的传承与发展，厘清流派源流，一脉相承，代代相传，源远流长。

我们在此基础上，还编著了"川派中医药名家系列丛书"，会集了一大批近现代四川中医药名家，遴选他们的后人、学生等整理其临床经验、学术思想，编辑成册。丛书拟选择 100 人，这是一批四川中医药的代表人物，也是难得的宝贵文化遗产。今天，经过大家的齐心努力终于得以付梓。在此，对为本系列书籍付出心血的各位作者、出版社编辑人员一并致谢！

由于历史久远，加之编撰者学识水平有限，书中罅、漏、舛、谬在所难免，敬望各位同仁、学者，提出宝贵意见，以便再版时修订提高。

中华中医药学会　副会长

四川省中医药学会　会　长

四川省中医药管理局　原局长　杨殿兴

成都中医药大学　教授、博士生导师

2015 年春于蓉城雅兴轩

自序————————————————————————————————

　　余少时游于京都颐和园，不慎落水，后高热不退，祸及双目，近乎失明，经西医治疗数月无效，几经辗转，遂求于中医。医与汤药、针灸，后大有好转，视物趋正常，乃深感中医之神圣，遂矢志岐黄。

　　夫观古人治病，必法乎天地，通于自然之理，究乎性命之原，脏腑、气血、经络，如之所见，审证求因，施之以药。余每览之时，无不叹古人之才，其中之道，不可不察。道者，法于自然，蕴于自然。《道德经》曰："道生一，一生二，二生三，三生万物。"道是为存在者，谓无中生有。物质源于道，是为"一"，谓阴阳。阴阳者，万物之始，运动变化而生万物，此中医思维原理之本原。夫治病必求于本，察受病之原，知病在何脏腑、何经络，查气血阴阳之态、邪气盛衰，方能施以药物。当今之时，杂病居多，纯实纯虚者少，实多虚少者多，纯补之药，用之慎之。至于今人谈古今时方者，有崇古方者，谓仲景方"历万世不能出其范围"；有倡今方者，谓"古方新病不相宜"。余研读方剂数十年，觉不必严古今方剂之别，药切病机，效亦辄如桴鼓。但药物之性，制方之法，适方之证，必了熟于胸，如徐大椿所言："欲用古方，必先审病者所患之证，悉与古方前所陈列之症皆合……无一不与所现之症相合，然后施用。否则，必须加减。无可加减，则另择一方。断不可道听途说，闻某方可以治某病，不论其因之异同，症之出入，而冒昧施治。虽所用悉本于古方，而害益大矣。"

余从医近 50 年，愈觉中医学之博大精深，不敢懈怠。今余之学生，不辞辛劳，收余之著作、讲义、手稿、医案等资料，整理研讨，辑成一册，特为感谢！

邓中甲

2020 年 12 月　于成都中医药大学

编写说明————————————————————————

　　全书对邓中甲先生从事医教事业近50年积累的病案、讲稿、论文、论著、处方，以及学术继承人跟师笔记、心得体会等资料，进行整理、分析和总结，提炼出先生的中医思维特点、临床理论与经验、方剂配伍理论与特色及临床用药特点等。

　　本书重点介绍了邓中甲先生的医案、医话、药论、临证药对精粹及部分学术思想；精选具有代表性的医案，详细记录肺癌、肝癌、胃癌等恶性肿瘤的治疗思路及用药特点，旨在通过典型癌症医案管窥先生治疗癌症的思想。另外，书中还介绍了先生对脾胃病、妇科病及各种疑难杂症的治疗经验。每则医案后面附有详细的按语以供读者揣摩回味。医话选取先生较有代表性的思想，如：癌症侧重"中和法"，切忌单纯针对癌细胞进行杀灭；慢性病重视调理中焦脾胃，而脾胃病应重视气机的流通和气血的生成、转化、运行；双向调节法在妇科疾病中的运用等。药论、药对精粹和学术思想则集中展示了先生在临床和教学过程中总结出的中药复方配伍规律，是先生学术经验的精华。"学术传承"介绍了邓中甲学术继承人及部分硕士、博士研究生。"论著提要"选择邓中甲先生的代表性著作及其作为第一作者的论文，对著作及文章进行简要介绍。附录部分列出了发表论文、出版论著等的目录，这些论著皆为先生门下弟子求学期间之学术成就，其次序按见刊之先后排列。

先生一生付诸中医，一直关心中医药事业之兴衰，热心学术之继承与弘扬，应邀赴各地讲学，足迹遍及全国，退休后亦孜孜不已。此书之成，既为传承，亦为致礼，疏漏谬误之处，尚希医林贤达赐予指正。

编者

2020 年 12 月

目　录

生平简介

邓中甲（1943—），男，出生于江苏江阴。成都中医药大学二级教授、博士研究生导师，国家中医药管理局方剂学重点学科带头人，国家精品课程（方剂学）带头人，国家级（方剂学）教学团队带头人，四川省教学名师，四川省学术和技术带头人。曾任国家食品药品监督管理局新药审评中心新药审评专家、中华中医药学会方剂学分会副主任委员、四川省中医药学会中医基础理论专业委员会名誉主任委员。享受国务院政府特殊津贴专家。台湾长庚大学、美国国家自然疗法医学院经典中医系顾问、客座教授。

邓中甲 1970 年 8 月毕业于北京中医学院，被分配至四川省泸定县医院工作。1978 年入成都中医学院大专院校毕业生进修班学习，结业后留校从事中医教学、临床和科研工作。先后任方剂学教研室主任、基础医学院院长。1996 年晋升教授，2000 年任方剂学博士研究生导师。现为方剂学学科学术带头人。近 20 年来，先后担任普通高等教育"十五"国家级规划教材《方剂学》主编、全国普通中医药类精编教材《方剂学》主编、海外标准化教材《方剂学》主编、中医学类专科教材第一版《方剂学》副主编、全国高等中医药院校七年制规划教材《方剂学》副主编、全国高等中医药院校对外教育规划教材《方剂学》副主编等；主持或参与出版各类教学辅导用书、专著等共 20 余部，发表论文 40 余篇。他主编的普通高等教育"十五"国家级规划教材《方剂学》，在指导组方的治法理论、君臣佐使的基本结构，以及作为增效减毒技能的配伍技巧等方面均有创新，于 2005 年获四川省教学成果二等奖，2009 年获教育部"新世纪全国高等中医药优秀教材"奖。在课堂教学方面，1985 年在卫生部组织的五大中医药院校教学评比中，邓中甲获课堂教学第 1 名；2003 年被国家中医药管理局聘为网络远程教学的主讲教师；多次赴长庚大学（台湾）、香港中文大学（香港）、美国国家自然疗法医学院（波特兰）讲学，获得了一致好评。除教学外，邓中甲还一直坚持临床工作，对脾胃、肝胆系统疾病及肿瘤等疑难杂症有丰富的治疗经验。

川 派 中 医 药 名 家 系 列 丛 书

临床经验

邓 中 甲

一、医案

（一）肿瘤疾病

1.肺癌咳嗽

患者，男，68 岁。2012 年 11 月 13 日初诊。

自诉咳嗽气喘两个月，加重 7 天。询之：1 个月前诊断为右上肺低分化腺癌，行化疗两次后效果不明显，病情逐渐加重。刻诊：面色晦暗，倦怠消瘦，每日晨起剧烈咳嗽，咳大量黄色黏痰，时见血丝，伴胸部隐痛，口干口苦，怕风。舌红苔微黄，脉左寸滑略数微弦，右大而滑。平素喜肉食，易怒。

诊断：肺癌咳嗽。

辨证：痰热壅肺。

治法：清热化痰，润降肺气，软坚散结。

处方：定喘汤加减。

药物：紫苏子 15g，苦杏仁 15g，桑白皮 15g，葶苈子 15g，款冬花 15g，黄芩 15g，炙枇杷叶 15g，北沙参 15g，白芥子 15g，浙贝母 15g，海蛤壳 15g^{（先煎）}，瓦楞子 15g^{（先煎）}，莪术 15g，炙麻黄 12g，法半夏 12g，白果 12g，川贝母 10g^{（打粉冲服）}，大枣 6g，生甘草 3g。8 剂，水煎服。

2012 年 11 月 20 日二诊：咳嗽气喘减轻，偶有血丝，纳可。原方减川贝母为 6g，24 剂，服法同前。

2012 年 12 月 2 日三诊：因受风寒，咳嗽气喘，脉浮滑微紧，上方去定喘汤改为杏苏散加减。

药物：苦杏仁 15g，苏叶 15g，法半夏 12g，陈皮 12g，枳壳 15g，桔梗 15g，茯苓 20g，紫菀 15g，百部 15g，香附 15g，白芥子 15g，浙贝母 15g，海蛤壳 15g^{（先煎）}，瓦楞子 15g^{（先煎）}，莪术 15g，葶苈子 15g，大枣 6g。7 剂，水煎服。

患者服后言咳嗽较前明显好转。其后随症加减，近 3 年来病情稳定，并嘱其定期复查。

按语： 邓中甲先生通过观察患者平素喜肉食，断其体质偏痰湿；易怒，表明患者痰湿阻滞，气机不畅，郁而化火。通过患者咳嗽剧烈，并结合舌红苔微黄，脉左寸滑略数微弦、右大而滑，判断其正气虚损不明显，而邪气较盛。故治以祛除邪实、软坚散结为法，佐以疏通气机、扶助正气。陈修园云："邪去正自复，正复邪自去，攻也，补也，一而二，二而一也。"可见，处理好邪正关系是治疗疾病的关键。肺癌虽然复杂，也不离乎此。

先生强调，肺癌治疗应遵循流通气机、双向调节的治疗大法。如本案中定喘汤的应用，组方配伍层次，既体现了一散一收的强平喘之功，防药物耗散肺气，又兼顾清泄肺热，止咳平喘，使肺气宣降，痰热得清。全方体现了寓收敛于宣散之中，相反相成；寄宣清降肺之内，相辅相成。用药方面，白芥子与浙贝母寒热并用，葶苈子、大枣补泻兼用，法半夏、北沙参润燥并施，黄芩、法半夏辛开苦降，升降相伍，炙麻黄、白果散敛相配。全方制方严谨，双向调节，病证结合，共奏化痰祛瘀、扶正祛邪、软坚散结之效。二诊时患者症状明显好转，咳嗽咯痰减少，故去偏于收敛的川贝母，因虑其病机仍在，故效不更方。三诊时由于患者外感，先解其表，辅以扶正抗癌，方选杏苏散，既可解其表，又兼顾在里之痰湿，佐以软坚散结之品，表里兼顾，双向调节。待患者表已解，继续以双向调节、软坚散结之法进行治疗。

在治疗过程中，先生尤为重视以下两点：一是根据肺癌咳嗽之特点，调理肝肺升降；二是治疗便秘以通腑降肺气。这是缘于肺与肝在人体气机升降调节方面的重要作用。肝气以升发为宜，肺气以肃降为顺。肝升肺降，升降协调，对全身气机的调畅、气血的调和具有重要的调节作用。因此，肺癌久咳亦需考虑肝的问题，如肝火犯肺或肝气过亢导致肺气不降，可通过清肝以肃肺，或肃肺以平肝。本案中选用栀子、黄芩、白芍等清肝之品，酌加海蛤壳、桑白皮、瓜蒌等肃降肺气。肺癌便秘以痰热灼津、肠燥失润为多见，每用瓜蒌仁、苦杏仁、火麻仁、桃仁等润肠通便，腑通脏清而咳嗽自缓。

反观今日大多数肺癌治疗常陷入辨癌不辨证、盲目运用抗癌中药，以及长期大剂量应用峻烈攻逐药物、消除癌细胞这两种思维定式。然而长期峻猛攻伐，会给本就正虚的机体增加更大负担，结果徒伤正气，影响人体抗病功能，甚至引起机体免疫系统的崩溃与生存质量的低下。因此先生强调，肺癌的治疗须流通气机，力求气、血、津液运行得当，才能促使机体有效地"排污除废"，达到"和其不和"。

（夏孟蛟）

2. 肺癌咯血

患者，女，69岁。2015年3月7日初诊。

自诉2015年1月经重庆某医院胸部CT及病理检查确诊为右下肺低分化鳞癌伴纵隔淋巴结转移，经过4次放疗、5次化疗后效果不明显，并出现慢性支气管炎、肺不张等征象，患者拒绝放疗、化疗，于门诊就诊。现症见：咳嗽咯痰，痰中带血，胸痛胸闷，乏力气短，纳差，腹胀，大便溏稀，小便正常。舌质淡，舌苔黯腻，脉滑稍芤。

诊断：肺癌咯血。

辨证：气阴两亏，痰瘀凝结。

治法：气阴双补，软坚化痰祛瘀。

处方：瓜蒌薤白半夏汤合温胆汤加减。

药物：全瓜蒌30g，薤白15g，法半夏15g，枳实15g，竹茹15g，太子参15g，炒白术15g，北沙参30g，款冬花15g，川贝母10g^{（打粉冲服）}，浙贝母15g，海蛤壳15g^{（先煎）}，白茅根30g，藕节30g，仙鹤草30g，半枝莲15g，莪术15g。7剂，水煎服，1日1剂，1日3次，饭后服。

2015年3月14日二诊：药后咳嗽、痰中带血明显减轻，胸痛胸闷亦减，精神好转。余症同前，效不更方，再续前方，连服半个月。

2015年3月28日三诊：药后诸症消失，舌质红，苔光剥，脉细弱。此为病久伤气、伤精、伤及阴血，继续气阴双补，兼顾软坚散结。

药物：竹茹15g，太子参15g，炒白术15g，北沙参30g，款冬花15g，川贝母10g，浙贝母15g，海蛤壳15g^{（先煎）}，白茅根30g，石斛15g，藕节30g，仙鹤草30g，玉竹15g，莪术15g，白芥子15g，谷芽15g，建曲12g。16剂，水煎服，1日1剂，1日3次。

2015年4月18日四诊：症状同前，舌苔淡红，脉细。饮食一般，睡眠尚可，二便调。

按语：肺癌之咯血病机较为复杂，多因癌毒扩散或痰瘀阻络，迫血溢出脉外。治疗方面，平调阴阳、疏导病理产物、调节气血是防止癌毒扩散的重要治疗方法，辨证加入止血药物为佐药，有以下几种：凉血止血，如生地黄；清热止血，如白茅根；温经止血，如艾叶；化瘀止血，如茜草、三七；收敛止血，如仙鹤草、白及等。此案患者癌毒扩散，痰瘀阻络，正气虚损，热灼津液，阴液内耗，致肺阴不足，气阴两虚，升降失调，外邪得以乘虚而入，客邪留滞不去，气机不畅，血行瘀滞，久而成为积块。故应清热化痰祛瘀，佐以益气养阴。方中用温胆汤加浙贝母、川贝母等清热化痰，调畅气机；莪术祛瘀通络；炒白术、太子参、北沙参、玉竹等益气养阴。先生认为，肺癌病机虽然复杂，但多由正气内虚、邪毒胶结所致。外邪内侵，致肺气宣降失司，肺气闭郁，脉络受阻，久而瘀毒形成；脾虚运化失调，气机升降失调，湿聚生痰，上干于肺，痰贮肺络，与瘀毒互结；正气内虚，气血生化不足，或气血运行不畅，脏腑阴阳失调，无法清除痰瘀湿热等邪气，逐渐形成肿块。

（高翔，张晓丹）

3. 肺癌发热

患者，男，68岁。2009年8月22日初诊。

患者自诉患右肺鳞癌两年余。无明显诱因出现体重下降，活动后气促，伴间歇性胸闷，无明显咳嗽、咯痰，无发热、盗汗。在当地医院住院期间反复出现中、低热，体温37.5～38.8℃，白天轻，下午和夜间尤甚，夜间明显，无畏寒。询之：发热时咳嗽痰多，气促明显，出汗较多，热时周身骨节酸痛不适。用滋阴清热、甘温除热中药治疗后病情日益加重，发热更甚，伴有间歇性右后背疼痛，为针刺样痛，痛处固定不移。起病以来，精神萎靡，体重下降明显。刻诊：眼周青黑，面色晦暗，纳差，倦怠乏力，口渴咽干而不多饮，夜寐差，大便干结，小便排出不畅，全身皮肤粗糙。舌紫暗，脉沉涩。

诊断：肺癌发热。

辨证：瘀血内阻。

治法：活血化瘀，理气疏肝。

处方：血府逐瘀汤加减。

药物：桃仁12g，红花12g，桔梗10g，当归10g，赤芍10g，牡丹皮10g，川牛膝10g，生地黄15g，天花粉20g，白薇20g，柴胡6g，枳壳6g，川芎6g，玄参 30g，炙甘草 5g。7 剂，水煎服。

2009 年 9 月 3 日二诊：患者诉服药后白天发热大减，夜晚发热稍有减轻，体温波动在 37.7～38.4℃，右后背刺痛有好转，但仍口干、不欲饮水，失眠，大便干燥，小便短少，舌苔薄白而滑，脉沉细涩。继续前方，加鸡血藤 30g，酸枣仁 15g，丹参 15g，大黄 5g。随访半个月未再发热。

按语：邓中甲先生引用《金匮要略》"病者如热状，烦满，口干燥而渴，其脉反无热，此为阴伏，是瘀血也，当下之"之言，指出患者是瘀血引起的发热，此为虚热，愈补愈瘀，治疗应重在活血化瘀，不可见热即投苦寒，或误为阴虚而施滋补。

瘀血阻滞血分，血分属阴，故患者发热以下午或晚间为甚；瘀血内阻，新血不生，血气不能濡养头面肌肤，肌肤失荣，故患者全身肌肤粗糙，眼周青黑，面色晦暗；瘀血久结，停于胸中，郁久化热，扰乱心神，故患者失眠少寐；瘀血阻滞气机升降，清阳不升而致患者头晕，身倦乏力；瘀血阻碍气血津液运行，故患者但欲漱水；瘀血内停，并非阴亏，故欲漱水不欲咽；瘀血内蕴，气机不通，不通则痛，故痛处固定不移，痛如针刺；舌青紫、舌下静脉瘀阻、脉沉细涩，均为血行不畅、瘀血内阻的重要征象；苔薄白而滑则为瘀血内阻，导致津液失调，水气停于体内，不能运化之象。患者发热半个月，体质渐虚，导致血瘀，久而阻滞经络，气血运行不畅，壅遏不通，郁而发热；瘀血留滞，新血不生，血虚生热。由此可见，发热的根本是以郁热为主，兼有血虚所生之热。

因此，在治疗中，先生选血府逐瘀汤化裁，以活血化瘀为主，行气宽胸为辅。该方寓行气于活血之中，寓扶正于逐瘀之内，不仅能行血分之瘀，而且能解气分之郁结，活血而不耗血，祛瘀又能生新，使瘀去气行，其热自退。方中桃仁、红花、赤芍、川芎、当归活血祛瘀，养血和血；川牛膝祛瘀血，通血脉，并引瘀血下行；柴胡入肝胆经，疏肝解郁，并达清阳；桔梗开宣肺气，载药上行，合枳壳降上焦之气而宽胸，一升一降，使气机调畅，气行则血行；生地黄凉血清热益阴，配当归又能养血润燥，使祛瘀而不耗阴血。诸药配伍，可疏泄胸中之瘀热，热邪去除，血结自散，血活气行，使瘀化热清而肝郁亦解，诸症自愈。加入白薇凉血清热、益阴；牡丹皮清热凉血，且具有走而不守之性，无寒凉凝滞之嫌。天花粉清热生津，滋阴除热；玄参清热凉血，滋阴；鸡血藤活血养血；炒枣仁养血安神；丹参活血祛瘀，清心除烦，养血安神。全方共奏活血化瘀、养血除热之功。二诊针对患者仍口干不欲饮水、失眠、大便干燥、小便短少的情况，酌加鸡血藤、丹参补血行血、通经活络，且丹参尚有凉心除烦之功，与酸枣仁配伍共奏宁心安神之效果；酌加少量大黄以通便，便通则烦除热解。

在治疗癌性发热时，先生常引用《金匮要略》"若五脏元真通畅，人即安和"，认为中医治疗肺癌发热并非一定要清热，亦非有虚而一定要用补药，须针对病机，通补并用，条达气血予以治疗，方能中的。

（夏孟蛟）

4. 肝癌疼痛

患者，女，57岁。2011年4月13日初诊。

自诉两胁疼痛4个多月。患者性格抑郁，家庭变故较多。半年前诊断为肝癌，行化疗后疼痛加重。刻诊：面色晦暗，倦怠乏力，食少纳差，腹水严重，肝区疼痛，脚肿，头晕。舌质淡胖有裂纹，苔白，脉沉细。

诊断：肝癌。

辨证：气阴两虚，水停湿阻。

治法：益气滋阴，逐水利湿，软坚散结。

处方：柴胡疏肝散加减。

药物：柴胡20g，川芎15g，香附12g，枳壳12g，白芍6g，炮甲珠3g，皂角刺5g，车前子20g，薏苡仁20g，炒莱菔子15g，大腹皮15g，佛手15g，炒谷芽30g，砂仁15g，黄芪10g，淫羊藿5g。6剂，水煎服。

2011年4月20日二诊：患者诉服药后仍感疼痛、纳差，故原方加青皮12g，木香10g，郁金10g，厚朴12g，建曲12g，海藻10g，昆布5g，浙贝母5g，白芥子5g，海蛤壳5g^(先煎)，瓦楞子5g^(先煎)。8剂，服法同前。

2011年4月30日三诊：患者诉服药后疼痛明显减轻，胃口较前好转，晨起偶有口干、口苦，原方去炮甲珠，酌加茵陈5g，芦根15g。12剂，服法同前。

其后随症加减，随访未见明显不适。

按语： 邓中甲先生强调，"不通则痛"，患者郁怒难伸，情志不舒，长期过度的气机郁滞是肝癌疼痛产生的内在因素，而湿浊、痰毒、瘀血之邪则是导致肝癌疼痛产生的重要病因。具体而言，肝失疏泄，气机郁结是致病的始发因素。随着气机郁滞，脉络不通的加重，患者出现胁肋胀痛之症；随着病情的深入，癌毒结聚已甚，侵袭较深，患者接受化疗，正气耗损较大，肝的疏泄功能下降，导致痰、湿、瘀等病理产物郁结，则疼痛愈发深重。

临床当扶正气以顺气机，又当攻补兼施祛毒邪，故先生常以柴胡疏肝散为主方加减治疗，并选用木香、桔梗、青皮、香附、枳壳、厚朴、穿山甲、皂角刺等行气散结药物，甚则三棱、莪术等破气行血之品。先生认为，肝主疏泄，可以调畅一身之气机，气顺则痰消，气行则血行，调理气机有助于消除病理产物和畅通气血津液的道路，使补而不滞。针对患者上部气结，则常用枳壳，一升一降，畅利胸膈气机；下部气滞，则常用枳壳、厚朴行气消胀。二诊患者仍感疼痛，故增加疏肝行气、消积化滞、宽胸散结的青皮、木香、郁金、厚朴，配以软坚散结药物，达祛除实邪、令气机运行无碍之目的。三诊患者疼痛明显减轻且胃口较前好转，偶有口干、口苦，故加茵陈、芦根清热养阴生津。

"见肝之病，知肝传脾，当先实脾。"肝气郁滞导致脾胃运化不利，可进一步加重疼痛，也可导致患者纳差，故出现腹胀满、胃纳减退、倦怠乏力等表现。此即李杲所言："肝木妄行，胸胁痛、口苦、口干、往来寒热、便难、腹中急痛，此所不胜乘之也。"先生临证多选用建曲、炒谷芽、木香、砂仁等消食开胃药物以固护脾胃。黄芪、淫羊藿、怀山药益气健脾；车前子、薏苡仁、大腹皮利水渗湿；佛手、厚朴行气止痛，发挥补气健脾、疏肝理气、活血化瘀、软坚散结之功效，并佐以海藻、昆布、浙贝母、白芥子、海蛤壳、瓦楞子等化痰软坚，三棱、莪术、三七粉等化瘀抗癌、理气化瘀为治，可渐收全功。

由此可见，先生讲究遣药组方有的放矢，遵循理气止痛、固护脾胃等原则，针对痰、瘀、湿等阻滞气机导致的疼痛，常用药对如白芥子配浙贝母、三棱配莪术、海蛤壳配瓦楞子、夏枯草配连翘、海藻配昆布以利湿逐痰、活血化瘀、软坚散结、清热解毒；临证攻补兼施，不宜轻率地投以大剂清热解毒药妄伤中阳，成"绝谷者亡"之势。先生强调，肿瘤的治疗决不可急于求成，不要寄希望于毕其功于一役，而应本着为患者减轻疾病痛苦、延长寿命的原则，充分发挥中医药的优势，对病情仔细探询，力求做到较为精准的辨证论治。

（夏孟蛟）

5. 肝癌水肿

患者，男，66 岁。2014 年 3 月 29 日初诊。

自诉双下肢水肿 4 个月。询之：患有肝癌，7 次手术（包含 6 次介入治疗），胃纳较差，偶有腹胀，右侧胁部偶有隐痛。左脉弦弱，右脉芤大，舌胖大，苔黄厚。辅助检查：2014 年 3 月 20 日四川省某医院查肿瘤标志物，丙氨酸氨基转移酶 72U/L，甲胎蛋白 67ng/mL；全腹部增强 CT 检查示肝脏可见大小为 2cm×2cm×3cm 囊肿。

诊断：肝癌水肿。

辨证：湿热内盛，三焦壅滞，气滞水停。

治法：清化湿热，通利三焦，软坚散结。

处方：柴芍六君子汤加减。

药物：柴胡 12g，白芍 10g，法半夏 10g，陈皮 10g，党参 10g，茯苓 10g，白术 15g，甘草 3g，猪苓 15g，泽泻 15g，桂枝 15g，车前子 30g，薏苡仁 30g，白芥子 15g，浙贝母 15g，海蛤壳 15g（先煎），瓦楞子 15g（先煎），莪术 15g，建曲 12g，炒谷芽 15g。7 剂，1 日 1 剂，1 日 3 次，水煎服。

2014 年 4 月 5 日二诊：双下肢水肿有所减轻，纳可。原方加泽兰 15g，14 剂，服法同前。

2014 年 4 月 19 日三诊：双下肢水肿基本消失，偶有腹胀，纳差。

药物：柴胡 12g，白芍 10g，法半夏 10g，陈皮 10g，党参 10g，茯苓 10g，白术 15g，甘草 3g，猪苓 15g，泽泻 15g，白芥子 15g，浙贝母 15g，海蛤壳 15g（先煎），瓦楞子 15g（先煎），莪术 15g，建曲 12g，炒谷芽 15g，炒莱菔子 15g，佛手 15g，厚朴 15g。7 剂，1 日 1 剂，1 日 3 次，水煎服。服后随访 1 个月，水肿未再复发。

按语： 肝癌的治疗应当分期辨证治疗，该患者经历数次手术治疗，处于肝癌的中期。邓中甲先生认为中期以肝郁脾虚、肝脾同病为主，常见上腹胀满、肝区疼痛、胃纳减退、倦怠乏力、腹泻或便秘、发热、多汗等类似脾胃病的证候。《难经》和《金匮要略》中有"见肝之病，知肝传脾，当先实脾"之说，另李东垣云："肝木妄行，胸胁痛、口苦、舌干、往来寒热、便难、腹中急痛，此所不胜乘之也。"先生认为，癌毒结聚已甚，侵袭较深，患者大多在接受放疗、化疗，正气耗损较大，治疗当以攻补兼施，祛邪与扶正并重，既祛除痰、湿、瘀等郁结病理产物，又扶人体之正气以顺气机。临证多选用柴芍六君子汤合五苓散为底方，佐以海藻、昆布、浙贝母、白芥子、海蛤壳、瓦楞子等化痰软坚药，三棱、莪术等化瘀抗癌药，理气化瘀为治，可渐收全功。

在先生治疗肝癌的处方中，广泛使用药对，常用以下几种：建曲、炒谷芽、木香、砂仁等消食开胃药物以固护脾胃；白芥子配浙贝母、三棱配莪术、海蛤壳配瓦楞子、夏枯草配连翘、海藻配昆布以实现利湿逐痰、活血化瘀、软坚散结、清热解毒散结等。先生在临证中多次提到：肝癌无论发生在哪一阶段，均不宜轻率地投以大剂所谓清热解毒药妄伤中阳，成"绝谷者亡"之势，否则纵有仙方妙药也无力回天。曾有几个癌症患者，在经过先生中药调理后正气有一定程度恢复，全身气机通畅，但患者自觉身体已经好转，治病心切又多次做化疗，结果多以死亡为终，此教训可谓深刻。

（高翔，张晓丹）

6. 肠癌便血

患者，男，55岁。2010年8月27日初诊。

自诉便血1个多月，加重伴腰痛8天。询之：患者于结肠癌根治术后化疗5次，效果不明显。刻诊：便血，腰痛，双下肢水肿，腹胀、腹痛拒按，食欲不振，面黄，气短乏力。苔黄腻，脉沉细滑。

诊断：肠癌便血。

辨证：瘀毒互结，脾虚湿热。

治法：化瘀解毒，健脾利湿。

处方：芍药汤加减。

药物：白芍15g，当归10g，黄连5g，黄芩5g，槟榔10g，木香15g，炙甘草5g，大黄10g，肉桂5g，肉苁蓉15g，郁李仁15g，地榆10g，槐花5g，仙鹤草5g，白茅根10g，建曲15g，炒谷芽15g，白芥子15g，浙贝母15g，海蛤壳15g（先煎），瓦楞子15g（先煎），莪术15g，乌梅10g。7剂，水煎服。

2010年9月6日二诊：患者便血好转，偶有腹痛、便秘。原方去槐花，酌加牛蒡子10g，白蔻仁5g，炒白术15g，茯苓15g。10剂，服法同前。

患者服药后诉便血及腹痛情况较前好转，继方随症加减，调治多年。嘱患者定期去医院复查。

按语：先生强调，患者因肠中阴阳不相续而湿热毒邪蕴结、血热血瘀，或癌肿压迫大肠、津液吸收太过不及、传导失司等导致便血。其病机可概括为虚实两端：邪实多以湿、毒、瘀为重，湿浊之物易留诸体内而为害，倾注于大肠，影响肠腑正常功能，阻碍其气机升降，日久可使腑气不能正常"通降"，气机郁滞而化热、化火，迫血妄行。除此之外，风、寒之邪也是大肠癌不可忽视的因素，因风邪易于侵袭空窍，风自皮毛入肺，可直下大肠，寒气客于肠间，气机流转受阻，气血瘀阻，可加速上述病理产物的产生或堆积。正虚多因脾肾亏虚，致脾胃运化失司，大肠传导功能失常，致邪毒积聚，血络运行不畅而便血。即多种原因导致肠胃受伤，气机失调，升降失司，使脾不能运化而升清，胃不能受纳而降浊，肠中糟粕失于传导，则湿、瘀、毒等滞留肠腑，胶结不解。总而言之，肠癌便血发病病机以湿邪、瘀血、癌毒为病之标，脾肾等正气亏虚为本，二者互为因果。

故治疗常以芍药汤加减。方中黄芩、黄连性味苦寒，入大肠经，功擅清热燥湿解毒，以除致病之因；重用白芍养血和营、缓急止痛，配以当归养血活血，体现了"行血则便脓自愈"之意，且可兼顾湿热邪毒熏灼肠络，伤耗阴血之虑；木香、槟榔行气导滞，"调气则后重自除"；大黄苦寒沉降，合芩、连则清热燥湿之功著，合归、芍则活血行气之力彰，其泻下通腑作用可通导湿热积滞从大便而去，体现"通因通用"之法；方以少量肉桂，其辛热温通之性，既可助归、芍行血和营，又可防呕逆拒药，属佐助兼反佐之用。诸药合用，湿去热清，气血调和，故下痢可愈。其中患者苔黄腻，则加乌梅，避温就凉；脉沉细滑，兼有食欲不振，加建曲以消导和胃。二诊因患者便血好转，偶有腹痛、便秘，故去掉苦寒的槐花，酌加宣肺清热的牛蒡子，理气宽中的白蔻仁，健脾益气、燥湿利水的炒白术，利水渗湿的茯苓等。

除上述辨证治疗外，先生常在药物配伍中增加几组温阳补虚、调和中焦、化痰祛瘀之药，针对大肠癌虚实相兼的病机，达到祛邪调中、和其不和之目的。如肉苁蓉、郁李仁、建曲、炒谷芽、白芥子、浙贝母、海蛤壳、瓦楞子、莪术等。肉苁蓉有补肾阳、益精血、润肠道的作用，可有效治疗大肠癌中肾阳虚衰、精血不足而出现虚秘等情况；郁李仁能润燥滑肠，下气，利水，对于大肠癌中因津枯肠燥、食积气滞导致的便秘、水肿等情况，有下气行滞、利水消肿的功效，与肉苁蓉合用对大肠癌的便秘症状具有针对性治疗效果。建曲、谷芽可以有效固护脾胃，针对化疗造成的脾胃不良反应、大肠癌脾胃虚弱的总体环境均有良好的补益功效。固护脾胃一直是先生强调的治疗方针，应用于多种疾病的治疗中，脾胃乃人生立命之根本，在恶性疾病中，脾胃是否有动力更是决定人是否有生机的关键。

（夏孟蛟）

7. 胃癌转移

患者，男，67岁。2011年4月12日初诊。

自诉胃癌术后3年，转移1年多。询之：4年来反复出现进食后胸骨后疼痛，有闷堵感，晨起干呕、反酸、烧心，食后前述症状减轻。病理检查示低分化腺癌。术后行化疗，上述症状好转后出院。术后1年复行PET–CT检查：①吻合口区及远端小肠多发异常PDG高代谢灶，提示复发或转移；②肝多发囊肿，颅内、鼻咽部、颈部、胸部及盆腔未见明显异常PDG高代谢灶。刻诊：反复出现上腹部闷胀及不适感，与进食及休息无明显相关，伴频繁嗳气、呃逆，可闻及肠鸣音，平素时有嗳气并呕吐清水，腹部畏寒，得温则舒，四肢不温。舌质淡紫，苔薄白腻，脉沉细弱。

诊断：胃癌转移。

辨证：脾胃虚寒。

治法：温中补虚，益气温阳。

处方：香砂六君子汤加减。

药物：党参30g，炙黄芪30g，炒白术15g，茯苓20g，怀山药15g，全当归20g，白芍30g，法半夏30g，陈皮15g，木香15g，砂仁30g^{（后下）}，桔梗15g，炮姜炭10g，吴茱萸15g，肉豆蔻10g，台乌药10g，川朴10g，炒薏苡仁20g，煅瓦楞30g^{（先煎）}，煅牡蛎30g^{（先煎）}，煅龙骨30g^{（先煎）}，蒲公英15g，神曲15g，炙甘草30g，炙鸡内金15g。8剂，水煎服。

2011年4月21日二诊：患者服药后诉疼痛减轻，仍纳差，原方去龙骨、牡蛎，酌加焦山楂10g，炒麦芽30g，炒扁豆15g。14剂，服法同前。

2011年10月24日三诊：患者坚持服药半年后食欲明显增加，饱胀感减轻，偶有嗳气、反酸及腹部冷痛等，酌加小茴香5g，荜澄茄5g。

患者言服后症状显著好转，近年来病情稳定，去医院复查未见明显异常。

按语：影响胃癌转移的因素很多，但邓中甲先生强调占主导的是"伏邪""余毒"，即"若无故自复者，以伏邪未尽"。根据患者的症状表现及舌脉，先生认为其主要原因是脾肾两亏导致痰瘀阻滞。患者行手术治疗，损伤人体气血，术后多见气血两虚证；后以化疗抗胃癌，损伤脾肾功能，表现为脾胃失调、脾肾并损、气血两亏证。化疗在抑杀癌细胞的同时，不可避免地对宿主产生一系列毒副作用，常见骨髓抑制和消化道反应，造成脾胃虚弱、肾功能受损。肾为先天之本，内藏元阴元阳，为脏腑阴阳之本，是生命活动之源，以阳开阴阖来维持人体水液平衡；脾胃为后天之本，为水谷精微之海，资生元气之所，所谓"正气存内，邪不可干"。肾属火，脾胃属土，肾阳的温煦能助脾之健运，令人正气充沛、生命动力不竭。若先后天之根本受损，则易引起肿瘤转移。脾胃通降转运失司，可导致气机郁滞，饮食不化；肾纳气主水失司，可导致水液代谢障碍而停聚。气不推动血行，则阻滞化瘀；水液停聚不前，则阻滞成痰。

据此，先生临证治疗胃癌转移，以补益脾肾为大法、以祛痰化瘀为关键、以扶助正气为目的，扶正祛邪，和其不和；通过调补脾肾可益气生血，滋养津液，保存真阴真阳。先生引用李中梓之言"水为万物之源，土为万物之母，二脏安和，一身皆治，百疾不生，脾为湿土，赖阳以运，胃为燥土，和阴自安"，指出防止复发与进一步转移至关重要的是通过调理脾肾使气血充盛，气机升降协调，方可化瘀血。水液运行通畅才能祛痰邪，气机运行通畅才能获得源源不断的气血津液来与肿瘤抗争，提高机体免疫功能，遏制肿瘤进一步复发和转移。

遣药组方上，先生分虚实两端，大法仍以"平调中州，和其不和"为主，以健脾益气、祛湿温阳等法调理脾肾，并配合化痰祛瘀法。根据患者脾虚见精神倦怠、食少乏味的表现，组方以香砂六君子汤为主。方中党参、白术、茯苓、木香、陈皮、半夏、砂仁、甘草健脾益气和胃，理气止痛；厚朴理气畅中；当归养血活血，化积调中。上药合用，共奏健脾益气、调中和胃之功。二诊患者疼痛减轻，故去龙骨、牡蛎，酌加焦山楂、炒麦芽、炒扁豆等健脾补气消食，治纳差。三诊患者症状明显好转，故效不更方，针对其偶有嗳气、反酸及腹部冷痛等情况，酌加小茴香、荜澄茄温里散寒、行气止痛宽中。

整个治疗过程，先生都不忘固护脾胃和祛除痰瘀等邪实。这一思想在其临证中也多有体现。如针对回护脾胃，在主方的基础上，酌加炒谷芽、生麦芽、建曲、山药、枳壳、莱菔子、香附、青皮等健脾行气药物，即前贤云："有胃气则生，无胃气则死。"胃气是机体抗邪的基础，如果患者的胃气衰败则肿瘤容易扩散、转移，导致难以收拾的局面。针对痰瘀等邪实，在主方的基础上，酌加活血化瘀、理气祛痰之品，如瓦楞子、海蛤壳、白芥子、三棱、莪术等。先生的活血化痰法，在临床抗胃癌乃至大多数肿瘤复发转移具有重要的作用和地位。现代研究证明其切实有效，该类药物起效和防止肿瘤转移的机制可能除了降低血液黏稠度外，还有改变血流学状态，增加肿瘤的血液供应，防止低氧状态下肿瘤血管的新生等。先生抗肿瘤复发转移的治疗法则，强调整体调整的功效，即通过整体调节微环境而抑制肿瘤的发展，防止肿瘤的复发转移。

（夏孟蛟）

8. 食管癌放化疗后

患者，女，56 岁。2015 年 1 月 6 日初诊。

自诉食管癌放疗、化疗后吞咽困难两个多月。询之：患者行食管鳞癌手术。术前有时心胸疼痛，饮食、吞咽无妨，术后出现淋巴结转移。化疗、放疗后，自觉周身酸痛、疲劳无力，夜间甚。刻诊：餐后胃嘈，厌荤，失眠，便溏不适，脉细。

诊断：食管癌放疗、化疗后。

辨证：痰气瘀阻，气阴两伤，肝胃失和。

治法：活血化瘀，益气养阴，调和肝胃。

处方：升降散加减。

药物：僵蚕 12g，蝉蜕 12g，姜黄 10g，生甘草 3g，大黄 3g，党参 20g，北沙参 15g，麦冬 15g，焦白术 15g，茯苓 20g，法半夏 12g，仙鹤草 15g，山慈菇 10g，瓦楞子 15g，莪术 15g，炙麻黄 12g，吴茱萸 3g，鸡血藤 15g，夜交藤 20g，合欢皮 15g，丹参 12g，鸡内金 20g，白花蛇舌草 20g。14 剂，水煎服。

2015 年 1 月 21 日二诊：患者诉食管、胃脘嘈杂，噫气不多，便溏减轻，寐差，怕冷，苔黄，中后部薄黄，舌质黯红，脉细滑。原方加炙乌贼骨 20g（先煎），蒲公英 15g，栀子 15g，豆豉 10g，连翘 5g。14 剂，服法同前。

2015 年 2 月 3 日三诊：服后言症状较前明显好转，偶有纳差。原方去炙乌贼骨，酌加山楂 10g，生谷芽 30g，炒莱菔子 10g。10 剂，服法同前。

其后随症加减，近年来病情稳定，并嘱其定期复查。

按语： 邓中甲先生指出，放疗、化疗药物属于"毒药"范畴，可因其毒性而使机体受损，表现出脾胃虚弱、气血不足、阴阳失衡等。人体贵在阴阳升降出入，气血流通，倘升降失司，气血运行乖戾，即可成郁。六淫、七情、内生五邪及正气虚馁，皆可成郁，造成广泛病变。患者行放疗、化疗后周身疼痛、乏力，是瘀血、痰浊、湿毒等阻滞机体经络所致，因此化痰除湿、活血化瘀法的运用不仅能解决化疗过程中病理产物的堆积，还能进一步培补机体正气阴阳；且活血化瘀药与健脾补肾药合理应用，还可减轻化疗药对骨髓微循环的损伤，改善骨髓造血微环境，有利于骨髓造血干细胞的增殖、分化，从而恢复骨髓造血功能。

放疗的外来射线虽然不在六淫之内，但其亦属外邪热毒，与六淫不同的是其穿透力强，可不循常道直中脏腑，易致实火过盛，毒邪内蕴，气血不和，瘀热壅盛，伤阴耗气，致患者气血损伤，脾胃失调，肝肾亏损，表现为胃脘嘈杂、厌荤、失眠、便溏不适。然而放疗损伤无论何种证型都存在一个共同的特点，即由于气机不畅产生的郁热，故当以宣透郁热为主。因此，在健脾益肾、宣透郁热的基础上，酌加具有毒性小的活血化瘀、清热解毒抗癌中药，既能消灭残余癌细胞的生长，协同放疗、化疗药抗肿瘤作用，又能改善机体因放疗、化疗出现的毒热伤阴表现。

具体治疗方药，先生常选用升降散等方，其组成为僵蚕、蝉蜕、姜黄、大黄。僵蚕为君，辛咸性平，气味俱薄，轻浮而升，善升清散火，祛风除湿，清热解郁；蝉蜕为臣，甘咸性寒，升浮宣透，可清热解表，宣毒透达。二药皆升而不霸，无助热化燥、逼汗伤阴之弊。放疗导致机体损伤的本质是郁热，僵蚕、蝉蜕二药皆升浮宣透，故可透达肺部郁热。姜黄气辛、味苦、性寒，善行气活血解郁，使气机畅达，热乃透发。大黄苦寒降泄，清热泻火，通腑逐瘀，擅降浊阴，推陈致新，肺与大肠相表里，可以起到釜底抽薪的作用，使郁热从大便而解。四药性味虽然各异，但都是集中解决郁热这一主要矛盾，且可在清热解毒的基础上配合养阴药治疗，如北沙参、麦冬、白花蛇舌草等，可以起到退热、消炎、生津、滋阴、凉血的作用，从而改善症状，提高机体免疫功能。

二诊患者食管、胃脘嘈杂，寐差，怕冷，苔黄，根据其舌质黯红、中后部舌苔薄黄、脉细滑的表现，判断其气机郁滞较甚，故原方加炙乌贼骨、蒲公英、栀子、豆豉使上焦气机畅达，则郁伏之热可透达而解，增其宣泄郁热之力；连翘以清热解毒，散热结，升浮宣散，透热外达。三诊患者症状明显好转，故效不更方，偶有纳差则酌加山楂、生谷芽、炒莱菔子等固护脾胃之品。即先生强调的放疗、化疗期间不宜再使用中药大攻、大泻，治疗应兼顾扶助正气、健脾和胃，将西药的攻邪与中医的扶助正气相互协调，有机地结合起来。

（夏孟蛟）

9. 胆囊癌腹水

患者，女，65 岁。2013 年 6 月 17 日初诊。

自诉全腹胀痛，胀甚 15 日。询之：患者胆囊腺癌，肝、十二指肠、胰头浸润，2013 年 3 月 10 日行胆囊癌根治术。刻诊：全腹部胀痛，胀甚。呕吐 1 周，吐清稀口水，偶尔吐不消化食物。进食少量流食。口干口苦，怕冷，不发热，疲劳，大便 9 日未解，小便黄、量少。舌质紫黯，苔薄白干，舌下脉络青紫，脉弦细数。影像学检查：腹内肝周、脾周、下腹肠间查见广泛液性暗区，最大前后径约 10cm。

诊断：胆囊癌腹水。

辨证：寒痰瘀毒结于膈下之鼓胀。

治法：温下祛邪。

药物：

内服：巴豆霜 5g，桔梗 15g，贝母 15g。2 剂，水煎服，桔梗、贝母熬汁冲服巴豆霜。

外敷：巴豆霜 5g，桔梗 15g，贝母 15g。研成细末，用生姜汁调敷于肚脐，每日 3 次，每次 3 小时。

2 剂后，患者大便通、次数多，每次量少、质清稀，自觉腹部胀痛不舒稍有缓解。其余诸症如前，嘱其继续上方内服加脐敷 5 剂。

2013 年 6 月 24 日二诊：患者自觉全腹胀痛明显好转。之前每日抽取腹水仍觉胀痛，现 3 日未抽腹水未觉不舒。呕吐止，大便通，现大便次数正常、量多。小便微黄、量少。腹水较前明显好转。

按语：邓中甲先生强调，恶性腹水本始于"本虚""阳虚"，由于病程迁延至中晚期，患者正气愈伤，耗气伤血，加之患者既往接受手术等多程治疗，损伤阳气，肝脾肾虚损，导致邪与寒痰水饮相结于腹中。疾病的根本是肾阳不足，水为阴邪、寒邪，易伤人体阳气。病程迁延累及肾阳、脾阳，肾阳虚不足以化气行水，脾阳虚不能运化水液，则生"鼓胀"。患者伴便秘的症状，一方面由于肝疏泄功能失常，乘脾犯胃，腑气不降，从而导致大肠传导功能失常；另一方面由于脾肾虚损，温煦无权，运化失常导致便秘。

因此，治疗上先生引用攻邪派张从正的"先论攻邪，邪去而元气自复也"，认为下法能"陈痤去而肠胃洁，癥瘕尽而荣卫昌"。在此基础上，先生选用著名温下祛邪复方三物白散作为治疗癌性腹水的基础法。三物白散出自《伤寒论》："寒实结胸，无热证者，与三物小陷胸汤，白散亦可服。"结胸之"胸"不应局限于解剖学之胸，《伤寒论》描述结胸之症状为"不大便五六日，舌上燥而渴，日晡所小有潮热，从心下至少腹硬满而痛不可近者"，说明古人对"胸"的理解比较广泛，包括胸、膈、脘、腹。这也与《伤寒论》原文中所提及的寒实结胸服用三物白散后，"病在膈上必吐，在膈下必利"的病位相符。寒实结胸，即邪气与寒痰水饮互结于胸膈脘腹的证候，中医之"邪"是一个宽广的范畴，四时六淫可谓之"邪"，肿瘤之"癌毒"可谓之"邪"。恶性腹水即是癌毒之"邪"与寒痰水饮互结于膈下之寒实结胸，产生了恶性腹水。

三物白散由巴豆、桔梗、贝母三味药，按照1：3：3的比例组成。巴豆性热，味辛，归胃、大肠经。桔梗上归肺经，引药上行，开泄肺闭，恢复肺之宣发肃降，通调水道，配伍贝母加强涤痰散结之效。三药共奏温下寒实、涤痰破结之功。先生指出，肿瘤之细胞可谓中医之癌毒，即"邪"；而机体免疫力可谓人体之正气，即"正"。研究证实，三物白散可诱导人胃腺癌细胞株的凋亡、降低细胞株突变型基因表达率，对荷瘤机体的免疫能起正向调节作用。这说明三物白散既可以通过细胞毒作用直接杀伤肿瘤细胞，又可通过影响肿瘤细胞和免疫细胞的功能来发挥正向调节作用。初步证实三物白散可通过"祛邪"之法来体现"扶正"之用，且三物白散能通过温下祛邪法治疗恶性腹水，使脾肾温煦有权，运化如常，邪从下焦而出，腑气得降，大便自通。

《理瀹骈文》中说："外治之理，即内治之理，外治之药，亦内治之药，所异者，法耳。"其指出内病可以外治，因人体的皮肤腠理与五脏六腑之真元相通，药物可以通过体表、腠理作用到脏腑，便考虑内服加外用三物白散治疗。先生临证时让患者在内服三物白散的同时脐敷三物白散，奏行气利水消胀之功。本方的作用部位为脐部，脐为神阙穴，是任督两脉经气交会之处，外联经络毛窍，内应五脏六腑，故能转枢上下、可升可降、统领三焦，主治百病。药敷神阙穴可直达病所，达到祛除病邪、扶助正气的目的，且此方法可使药物通过表皮或角质层和活性表皮进入真皮，脐下无脂肪组织而有丰富的静脉网与门静脉连接，其皮肤筋膜和腹膜直接相连，故渗透性很强。药物从脐下透入血管，吸收快，与静脉给药相似。药物被真皮中的毛细血管吸收进入血液循环，从而发挥药性，加强局部治疗作用，同时脐部给药可减轻药物对肝肾的毒副作用，又可免除药物对胃肠道的刺激作用，以取得局部与全身效应。

先生强调，三物白散之君药巴豆辛热峻下，虽炮制成巴豆霜可降低毒效，但临床上仍需谨慎使用，且应中病即止。但由于恶性腹水反复迁延、生长快速的特性，应视其生长速度，定期使用三物白散消除腹水。

（夏孟蛟）

10. 前列腺癌

患者，男，76 岁。2013 年 10 月 23 日初诊。

自诉 2013 年于四川某医院体检发现前列腺特异抗原（PSA）20.21ng/L，于 2013 年 5 月 20 日在该医院行前列腺穿刺活检，病理示前列腺癌，Gleason 评分为 7，建议行前列腺根治术，患者表示拒绝手术，遂予内分泌治疗。内分泌治疗方案：康士得（比卡鲁胺）+ 抑那通（亮丙瑞林）。患者经内分泌治疗 5 个月，查 PSA 13.12ng/L，内分泌疗效果不佳，遂于中医门诊治疗。诉尿频、尿急、夜尿 4～6 次 / 晚，腰酸痛无力。大便稍软，日一行。刻诊：患者偏瘦，舌质紫暗，苔中后根黄腻有裂纹，脉沉弦滑。

诊断：前列腺癌。

辨证：肾气亏虚，浊毒瘀血郁于精室。

治法：补肾健脾，化浊解毒。

处方：自创温补方加减。

药物：绞股蓝 20g，胡芦巴 15g，土茯苓 15g，女贞子 15g，土鳖虫 10g^{（打粉，冲服）}，太子参 15g，干姜 5g，生地黄 20g，薏苡仁 40g，续断 20g，杜仲 15g，泽兰 15g，生黄芪 15g，龙葵 15g。4 剂，水煎服，2 日 1 剂。西医治疗方案不变。

二诊：服药 1 周后，患者尿频、尿急、大便稀软有所改善，但仍有夜尿频多、腰酸痛无力，舌质偏紫，苔黄腻有裂纹，脉沉弦滑。上方减薏苡仁为 20g，加益智仁 15g，豨莶草 15g，海桐皮 15g。7 剂，服法同前。

三诊：连服半个月后患者疲乏腰酸症状缓解。舌质黯淡，苔薄黄，脉滑。复查 PSA 1.8ng/L。将上方加茺蔚子 15g。14 剂，嘱其适当运动，令微微汗出，勿过汗，规律生活，每月复诊 1 次，3 个月后复查 PSA 0.05ng/L。随访至今，患者生活质量较就诊前明显改善，生活自理。

按语：西医学称此病为前列腺癌，中医学则散见于"淋证""内结""癃闭""肾岩""癥聚"等记载中。前列腺为藏精之处，为精室的主要组成结构之一，隶属于肾，其功能类似女子胞。先生认为，前列腺癌的病因，多为气化不利，导致痰浊、瘀血、败精阻滞经络，但气化功能过亢，又消耗气血，促使癌毒扩散和转移。因此，气化不及或太过贯穿前列腺癌发生发展的全过程，是前列腺癌的主要病机之一。

在治疗过程中，尤为注意以下两点：一是气化过度，以苦寒抑制为主。一方面用药方面用清热化瘀之品，如白英、绞股蓝、土鳖虫、龙葵等以解利浊毒，抑制过度气化；另一方面，过度气化形成的痰饮瘀毒导致气机升降失调，此时应从整体论治，如《素问·禁刺论》曰："肝生于左，肺藏于右，心部于表，肾治于里，脾为之使，胃为之市。"朱震亨《格致余论·鼓胀论》曰"心肺之阳降，肝肾之阴升""心为火居上，肾为水居下，水能升而火能降，一升一降，无有穷已"。临床多用胡芦巴、泽泻、干姜、黄连等辛开苦降以恢复五脏气机之升降。二是气化乏源，以温补激发为主。前列腺癌系五脏气化失调，尤其是前列腺癌晚期，脏腑虚损，肾之阴阳亏损，气化乏源，则气血生成不足，进一步损伤五脏；气血失于推动，则导致气滞血瘀，痰湿等病理产物堆积，进一步阻碍气化功能，则热毒渐生。故应力求恢复五脏气化功能。据此，先生自创温补方，该方由生黄芪、女贞子、续断、杜仲、龙葵、胡芦巴、土鳖虫等药组成，组方特点新颖，既能温气化气，又能抑制过度气化，看似矛盾，实为双向调节。其中黄芪性味甘温，归肺、脾经，可补气温气、利尿消肿、生津养血、行滞通痹等。《神农本草经》谓黄芪"味甘微温，主痈疽，久败疮，排脓止痛，补虚"。绞股蓝性味苦甘寒，有清热、化浊、解毒之效，能入心、肾之经，可清相火、安精神；龙葵性味辛苦而寒，通肾浊而解毒。先生认为二者同用可抑制过度气化。胡芦巴味辛苦，性温，入肾经补命门之火，先生认为此药既可疏通气机，又能激发肾中精气，有温肾阳逐浊邪的功能，《本草纲目》谓胡芦巴性味"苦，大温，无毒……主元脏虚冷气"。杜仲、续断性味甘、微辛而温，可温通肾经，补肝肾、强筋骨，温化肾中阳气。女贞子性味甘寒，平补肾阴，并可防止过度气化。土鳖虫性味咸寒，具有破癥逐瘀、通络解毒之功效。全方集清气、化气、温气、解毒、通瘀之效于一体，辛开苦降、双向调节，阴阳并调、标本兼顾，共奏祛浊毒、化精气、通瘀滞、畅精室、和阴阳之功，使人体气化调、阴阳和。

此案中患者一诊已表现出较严重的肾虚浊毒之证，疾病已发展至中晚期。方中以续断、杜仲、太子参、干姜、黄芪运脾固肾，温阳化气。龙葵、绞股蓝、泽兰、土鳖虫、土茯苓、薏苡仁化浊解毒通络。二诊时患者湿浊瘀热稍减，肾气虚损表现突出，故减薏苡仁之剂量，加益智仁以固摄肾气，豨莶草、海桐皮去下焦经络之浊痹。三诊时患者症状明显好转，加茺蔚子补肾而泻浊，平补肾之阴阳。后守大法随症加减，患者病情逐渐稳定。

（张晓丹，高翔）

（二）内科疾病

1. 胃痛

王某，女，35 岁，已婚，2016 年 4 月 22 日初诊。

胃脘胀痛 10 余年，加重 1 周。自诉胃部胀痛，以饭后为甚，伴烧心、泛酸、呃逆、口苦，并有颈项酸胀不适感。询之：平素四肢欠温，精神易紧张，喜热饮，胃纳不佳，二便常。1 周前受凉后出现感冒症状，并伴有胃部胀痛加剧、颈项酸胀不舒的症状，自服"感冒药"后，感冒症状渐愈，但余症并未缓解。月经周期正常，月经色稍暗，夹少量血块。刻诊：舌淡，苔薄黄腻，脉弱。

诊断：胃痛。

辨证：湿热中阻。

治法：清热化湿，通络止痛。

处方：温胆汤加味。

药物：陈皮 12g，法半夏 12g，炙甘草 3g，茯苓 20g，竹茹 15g，枳实 15g，细辛 15g，白芷 15g，羌活 15g，建曲 12g，炒谷芽 15g，炒莱菔子 15g，佛手 15g，厚朴 15g，大腹皮 15g，栀子 15g，淡豆豉 30g，高良姜 15g，旋覆花 15g^{（包煎）}，生姜 6g，柿蒂 15g，刺猬皮 15g。6 剂，水煎服。

2016 年 4 月 29 日二诊：服上方后胃胀、项背僵痛、呃逆、口苦症状明显缓解，仍泛酸。上方去细辛、白芷、羌活、旋覆花、生姜、柿蒂，加海螵蛸 30g，黄连 6g，吴茱萸 6g。连服 6 剂，诸症悉愈。嘱平素注意饮食，加强锻炼。

按语：胃为阳土，喜润恶燥，为五脏六腑之大源，主受纳、腐熟水谷，胃气以和降为顺。胃痛的原因可概括为两点：寒邪、饮食伤胃等导致的胃气阻滞，胃失和降，不通则痛；禀赋不足、后天失调等导致的脾气虚弱、胃失濡养，不荣则痛。此案为寒热错杂之证，究其原因在于素体阳虚，则平素四肢欠温、喜热饮；阳气不足，推动无力，气血津精运行不畅，水湿内停，酿液为痰，郁而化热，则口苦；痰液形成，加之外感风寒，闭阻气机，不通则痛；寒邪客于颈部则颈项不舒，客于胃部则胃脘胀痛。胃失和降，胃气上逆，则出现呃逆之症。气机不畅，肝胃不和，酸水自胃中上逆则泛酸。阳虚无力推动血行，则月经色暗，夹有血块。张从正《儒门事亲·推原补法利害非轻说》中说："君子贵流不贵滞，贵平不贵强。"先生认为，虽胃痛疾病有虚有实，但贵在通。具体到胃部，无论是寒邪等外感邪气，还是饮食、湿热、瘀血等内伤之因皆可引起胃气阻滞而导致疼痛；若为虚证，虽表面上看应用补法，但也要"通"，方能补而不滞。故在胃痛的治疗上，先生以"通"为治疗大法，其重点为理气和胃，使气之升降出入正常，则胃痛能愈。

结合本案，治疗则应温中散寒，化痰理气。方中温胆汤和胃利胆、理气化痰；细辛、白芷、羌活解表散寒；高良姜温中祛寒止痛；旋覆花、生姜、柿蒂降气止呃。先生临床上常运用建曲、炒谷芽、炒莱菔子、佛手、厚朴、大腹皮这组药对来达到"通"的目的。其中建曲解表邪、消食积、祛痰水、健脾胃；炒谷芽消食和中、健脾开胃。二药合用针对食积、痰水，消食健脾开胃，使脾得健运、胃能受纳。炒莱菔子消食除胀、降气化痰，"肺主一身之气"，莱菔子不仅能理脾胃之气，还能理肺之气。此外"胃气以和降为顺"，莱菔子具有降气之功，可谓治疗胃胀痛之佳品。肝主疏泄，调畅气机，肝气上犯于胃，也是引起胃痛的主要原因之一。故用佛手疏肝理气、和胃止痛、燥湿化痰，理脾、胃、肺、肝之气。厚朴燥湿消痰、下气除满，除能理肺、脾、胃之气外，还能理大肠之气，同时作用趋下，和降胃气。大腹皮行气宽中，行水消肿，理脾、胃、大肠、小肠之气。纵观本药对，以理气、消食、化痰为主，理气范围不只在脾胃，还包括肺、肝二脏，以及大肠、小肠这样同属脾胃系的六腑，可见先生对于"通"的认识并不局限于脾胃：人体本就是一个有机的整体，五脏六腑通过相互影响、相互制约达到应有的平衡；若原有的平衡被打破则导致疾病，治疗上在着眼于相关脏腑的同时，也要立足全身进行遣方用药。

栀子、淡豆豉为栀子豉汤，《伤寒论》原文言："若剧者，必反复颠倒，心中懊侬，栀子豉汤主之。"先生认为"心中懊侬"正是烧心症状的描述，故用其清心除烦。此外，久病不通易形成瘀血，故加入刺猬皮化瘀止痛。诸药合用，既温中焦脾胃、散表之寒邪，又疏通、和降胃气，共奏温中散寒、化痰理气之功。二诊患者症状缓解，减去降气之药物，加入左金丸泻火疏肝、和胃止痛，海螵蛸制酸以增强止痛制酸之功。此病案既显示出先生治疗胃痛善用"通"法，也能看出其作为方剂大家在处方上灵活施治的特点。

（贾志超，夏孟蛟）

2. 胃痞

刘某，男，54岁，已婚，2016年7月16日初诊。

自觉胃脘绞痛胀满，伴恶心欲吐、头目眩晕两年余。患者诉两年前进食生冷食物后出现胃脘胀满疼痛，恶心呕吐，头目眩晕，多次于当地医院治疗，无明显效果，遂于门诊就诊。舌苔黄腻，脉滑，舌下络脉瘀阻。辅助检查：2016年4月25日于四川某医院行无痛胃镜示慢性萎缩性胃炎伴糜烂（黏膜苍白，片状糜烂，表面结节样隆起）；2016年4月30日（四川某医院）病理诊断为中度慢性萎缩性胃炎伴轻度不典型增生。

诊断：胃痞。

辨证：痰热瘀阻证。

治法：清热化痰，活血化瘀，辛开苦降。

处方：平胃散加减。

药物：藿香20g，佩兰20g，陈皮15g，法半夏15g，枳实15g，苍术15g，炒白术 15g，茯苓 15g，厚朴 15g，川芎 10g，赤芍 10g，黄连 3g，干姜 6g，生晒参 6g，浙贝母 15g，重楼 10g。7 剂，1 日 3 次，每次 200mL，水煎服。

2016 年 7 月 23 日二诊：服药后，患者体倦乏力、大便矢气不爽较前均有明显缓解。但仍时觉胃脘绞痛，反酸打嗝，头目眩晕，舌脉同前，故原方加吴茱萸 6g，旋覆花 20g^{（包煎）}，乌贼骨 15g^{（先煎）}，疏肝降气制酸。14 剂，1 日 3 次，每次 200mL，水煎服。

2016 年 8 月 6 日三诊：用药 15 剂后，诸症均有明显改善，舌淡红，苔薄黄少津，脉弦滑，去苍术、吴茱萸、干姜，加肉桂 3g 引火归原，北沙参 30g、石斛 15g 滋阴清热，14 剂以巩固疗效。

2016 年 8 月 27 日四诊：用药 14 剂后，诸症皆除，偶有纳差，舌淡红，苔薄黄微腻，脉弦细，去重楼，加茵陈、生麦芽疏肝利湿和胃，14 剂。半年后复查电子胃镜，病理诊断：中度慢性萎缩性胃炎伴肠上皮化生。

按语：本例患者属典型痰热血瘀证型，对此邓中甲先生指出若一味使用苦寒清热燥湿药物，则其肝郁寒凝证更重，需酌加温散之吴茱萸、旋覆花以防苦寒之弊，并能辛开苦降，散寒解郁；后期患者纳差明显，阴虚之证明显，故加健脾消食之麦芽，养胃阴之石斛、北沙参。由此可以看出，中医治疗现代疾病时，结合现代医学的检查要进行中医思维的转换。

先生认为慢性萎缩性胃炎由各种病因导致，临床表现及病理变化错综复杂。虽然西医学认为胃黏膜萎缩或伴肠化、不典型增生的重要原因是胃黏膜微循环障碍，但先生认为微循环障碍不能直接等同于气滞血瘀，临证时应当详辨气血津液的虚实寒热状态，辨证论治，使脾胃功能复常，脏腑功能协调，气血生化有源，则萎自平，结自散。

先生认为治疗慢性萎缩性胃炎除注意辨证论治外，尚应注意脏腑生理机制及病理特点，遵"治中焦如衡，非平不安"的原则。若慢性萎缩性胃炎患者见脾虚湿盛血瘀证，应在健脾除湿化瘀基础上酌加运脾之药，用药如炒白术、炒谷芽、建曲等；如见湿热血瘀证，除清热除湿活血外，尚应注意苦寒伤胃，耗气伤阴，应酌加酸甘化阴药物，如乌梅、五味子、甘草、北沙参等；如见气阴两虚血瘀证，除益气养阴活血外，尚应注意胃阴与脾阳互根互用，应酌加温阳活血药物，如干姜等；如慢性萎缩性胃炎患者伴肠化、不典型增生，除化痰散结、破瘀消癥外，应注意中病即止，酌加益气健脾、顾护胃气之药，如谷芽、建曲等；如见肝胃不和血瘀证，除疏肝理气、运脾活血外，酌加养阴柔肝之剂等，如白芍、茵陈、麦芽等。将辨证论治与脏腑生理机制、病理特点及西医学机理相结合，体现了中医整体观念、辨证论治、与时俱进的特色。

（高翔，张晓丹）

3. 便秘

张某，男，43 岁，已婚，2014 年 3 月 6 日初诊。

自诉大便困难 2 周，3～4 天 1 次。询之：患者两周前受凉后出现咳嗽，伴有黏痰，咯吐困难，腹部胀满，偶有矢气，虽有便意但排便困难。患者平素身体强健，未服用药物，以期自行好转。然两周后，上述症状并未明显好转，排便不畅，倍感苦闷，遂求诊于先生。刻诊：患者咳嗽，咳声洪亮，伴有痰响，触诊腹部胀满，查其舌脉，舌淡红苔薄白而腻，脉弦。

诊断：便秘。

辨证：肺气郁闭，腑气不通。

治法：宣肺止咳，和胃通腑。

处方：止嗽散加味。

药物：百部 15g，紫菀 15g，白前 15g，桔梗 15g，荆芥 15g，陈皮 12g，炙甘草 6g，炒莱菔子 15g，佛手 15g，厚朴 15g，建曲 12g，炒谷芽 15g，木香 15g，砂仁 15g，杏仁 15g，苏子 15g。6 剂，水煎服。

2014 年 3 月 13 日二诊：患者大便困难及咳嗽症状明显缓解，腹部胀满减轻，现觉咽部仍有黏痰，偶有鼻塞。主方不变，在前方基础上化裁：

百部 15g，紫菀 15g，白前 15g，桔梗 15g，荆芥 15g，陈皮 12g，炙甘草 6g，法半夏 12g，紫苏 15g，茯苓 20g，苍耳子 9g，辛夷 15g，白芷 15g。3 剂，水煎服。

后电话询问，得知患者诸症悉愈。

按语： 本案便秘的病因在于气机不畅，治疗上应仔细权衡，使升降相因，所以配伍建曲、炒谷芽、炒莱菔子、佛手、厚朴药对以消食、化痰，并理脾、胃、肺、肝、大肠之气。虽病在大肠，但治疗应侧重中焦脾胃和肺，故加入木香、砂仁醒脾顺气，苏子、杏仁既能通便亦能下气。诸药合用，宣肺、畅中、泻下，通调三焦气机，既治上焦之咳，又降下焦之气。这不仅体现出先生在脾胃病中对于气机的重视，同时也是对中医学整体观的诠释。

二诊患者由于鼻咽部症状较重，痰气搏结于咽部，则出现咽部黏痰、异物感。针对鼻塞采用其代表方剂苍耳子散进行治疗，因肺上通咽喉，开窍于鼻，故保留止嗽散宣肺疏风，止咳化痰。

便秘的直接病因在于大肠传导失司。肺与大肠相表里，通过经脉彼此络属，肺居五脏最高位，主宣降，调气机，从而增强大肠传导功能，排出糟粕。若肺气壅滞，阻碍津液运行，肠腑失于濡润，则肠燥便秘；大肠实热，肺失宣肃，则咳嗽气喘、胸部满闷。故大便不通和肺气不降有重要联系。纵观本案治法，多在行气、降气，通便药物较少。先生处方虽未在泻下通便，但达到了治疗便秘的效果，正所谓"提壶揭盖"法是也。止嗽散宣肺疏风，止咳化痰：其中桔梗宣通肺气；荆芥芳香辛散，作用于上；紫菀、百部苦温下气；白前下痰止嗽；另外加入陈皮畅中气；炙甘草调和补中。方中有宣有降，以宣为主，谓之"提壶揭盖"。

吴鞠通在《温病条辨·杂说·治病法论》中提出"治中焦如衡，非平不安"。"衡"，即秤杆，与"平"同义。这被后世认为是治疗脾胃病的正治之法。由于脾胃具有多个相反相成的体用属性及功能差异，容易产生升降、纳运、燥湿、寒热、虚实失常的病机变化，所以针对脾胃病复杂病机而采用的常见治则有调整阴阳、虚实兼顾、寒热并用、升降相因、刚柔相济、气血并调、通补兼施等，这些法则均以恢复中焦脾胃功能为最终目的。故在治疗脾胃病上更应准确辨证，恢复脾胃功能，以"平"为期。

（贾志超，张晓丹）

4. 小儿便秘

廖某，女，10岁，2015年7月13日初诊。

患儿大便秘结3周，平均3～4天1次，大便干燥。家长代述：3周前，患儿眼部结膜充血严重，咳嗽，鼻塞，喷嚏，诊断为"疱疹性结膜炎"，经西医"抗炎"治疗后上述症状得以控制，但觉便意不足，排便艰涩不畅，遂求诊于先生。现患儿眼部稍感干涩，查其结膜稍有充血，多眵，精神不振，不欲饮食，口干，腹部未触及明显胀满。舌淡苔薄白，脉数。

诊断：小儿便秘。

辨证：风热犯肺，肠腑不通。

治法：疏散风热，宣肺通腑。

处方：桑菊饮合保和丸加减。

药物：桑叶10g，杭菊花10g，连翘10g，石斛10g，决明子10g，建曲6g，炒谷芽6g，炒莱菔子5g，肉苁蓉10g，郁李仁5g，炒山楂5g，炒白术5g，茯苓10g，陈皮6g，砂仁3g，甘草2g。6剂，水煎服。

2015年7月20日二诊：家长诉患儿上述症状均得以缓解，此儿脾胃较差，欲求先生帮助调理脾胃。先生嘱家长自行购买六君子丸予患儿服用。

按语：此病案引起便秘的原因有二。一是火热下移大肠，肠燥津枯；二是患儿脾胃食积，不欲饮食，则大便来源减少。故先生用保和丸消食和胃。保和丸中有连翘清热散结，合炒白术、砂仁，共同调理中焦升降，恢复脾胃健运。加入石斛顾护阴液，不仅治疗热盛伤阴之眼涩、口干，还有"增液行舟"之效。通便药物众多，如大黄芒硝之属，为何选用决明子、肉苁蓉、郁李仁三者？决明子能清肝经之热；肉苁蓉针对小儿脏腑娇嫩的特点，有补虚之效；小儿发病易寒易热，故选用性平之郁李仁，防止寒热偏向。此三药合用，清温并举，从而以平为期。

小结：小儿脏腑娇嫩，形气未充，肺更为娇脏。风温之邪从皮毛而入，首先上犯于肺，导致肺气不宣，继而侵袭肝经；肝开窍于目，肝火循经上炎则目赤，肝木克伐脾土则出现脾胃热盛；火热下移大肠，肠燥津枯则便秘。此外，抗生素苦寒之性，亦损伤脾土。脾土被伤，气血生化乏源，则精神不振；饮食停滞，胃之受纳功能障碍，则不欲饮食，热盛伤阴则眼部干涩。先生所选用主方为桑菊饮合保和丸。先生认为肝与肺是气机升降之外轮，相反相成。既在升降上有分工，同时又相互制约保持正常的肃降或升发。在诸多疏散风热药中，桑叶、菊花颇有特色，因其既归肺经又归肝经，既能清肺肃肺，又能清肝平肝。如羚角钩藤汤中需要配桑叶、菊花来辅助清肝平肝。故一举两得，使肝升发不至于太过，肺气更容易肃降。所以，桑叶、菊花为先生治疗风温目赤之常用药，加入决明子既清肝明目，又润肠通便。

《灵枢·寿夭刚柔》言："人之生也，有刚有柔，有弱有强，有短有长，有阴有阳。"药为病者所设，人的体质强弱、年龄及性别不同，所处环境不同，对药物的敏感程度及耐受性也有很大差异，因而处方及药物用量亦应不同。在临证时，既要针对疾病本身，更要考虑患者的自身状况，对处方灵活化裁，用药精当适中，方能因人制宜。此案虽为便秘，但儿童生理病理不同于成人，故更应兼顾小儿之特点，因人制宜。

（贾志超，夏孟蛟）

5. 泄泻

陈某，男，40 岁，已婚。2014 年 5 月 8 日初诊。

患者腹泻近 5 年，加重 5 天。自诉近 5 年大便次数增多，2～3 次 / 天，粪量少，呈糊状，含大量黏液，每遇情绪激动即腹痛，痛则欲便，排便后缓解，西医诊断为肠易激综合征。5 天前，患者食火锅后上述情况加重，并伴口气，自觉口苦，大便 5～6 次 / 天，味臭，夹有黏液。刻诊：患者口气臭秽，精神不佳。舌淡苔薄黄微腻，脉弦而无力。

诊断：泄泻。

辨证：肝郁乘脾夹湿热。

治法：疏肝健脾，清理湿热。

处方：葛根芩连汤合痛泻要方加味。

药物：葛根 30g，黄芩 15g，黄连 10g，陈皮 12g，炒白术 15g，防风 15g，白芍 20g，升麻 10g，当归 12g，生地黄 15g，牡丹皮 15g，石膏 20g，建曲 12g，炒谷芽 15g，麦冬 15g，玄参 15g。6 剂，水煎服。

2014 年 5 月 15 日二诊：服上方后患者口臭、口苦症状缓解，大便气味正常，现每天 2～3 次，舌苔微黄，脉弦而无力。改方为痛泻要方合参苓白术散加减：

白扁豆 30g，莲米 30g，党参 15g，炒白术 15g，茯苓 20g，陈皮 12g，白芍 15g，防风 15g，建曲 12g，炒谷芽 15g，法半夏 12g，竹茹 15g，枳实 15g，炙甘草 6g，柴胡 15g。6 剂，水煎服。

2014 年 5 月 22 日三诊：患者诸症均缓解，唯腹泻，大便 2～3 次 / 天，但较之前略成形。先生嘱服参苓白术散健脾益气，控制饮食，调畅情绪，后患者大便能控制在 1～2 次 / 天。

按语：泄泻按起病缓急可分为久泄和暴泻，此病案患者既有"肠易激综合征"病史，又有食火锅后出现的暴泻，所以更应审证求因，抓住疾病核心进行治疗。

"肠易激综合征"是一组持续或间歇发作，以腹痛、腹胀、排便习惯和（或）大便性状改变为临床表现，缺乏胃肠道结构和生化异常的肠道功能紊乱性疾病，多因精神、饮食、寒冷等因素诱使症状复发或加重，多与情绪有关。在生理上，肝和脾相互联系，肝主疏泄，帮助脾胃运化；脾胃运化水谷精微成为气血津液，又对肝起到濡养作用，即木要疏土、土要荣木，这是一种生理上的良性循环。若这一平衡被打破，肝失疏泄，脾胃运化失司，则会导致肝脾同病。在脾胃升降中，脾之升清有赖于肝之升发，肝之疏泄升发正常，才能鼓舞脾胃之气血，促进其运化水谷、水湿的能力。张仲景《金匮要略》中"见肝之病，知肝传脾，当先实脾"即是此理。先生认为"肠易激综合征"乃肝木不疏、克伐脾土，导致脾气虚弱，如遇情绪原因则肝气旺盛，肝旺乘脾则表现为腹痛。脾虚不运化水湿，造成泄泻，肝脾同病产生腹痛泄泻。所以土虚木乘这种痛和泻，痛则治肝，泻则治脾。患者进食火锅后，又内生湿热之邪，湿热困脾，上犯于胃，则口臭；下犯大肠，则泄泻，大便臭秽。《素问·阴阳应象大论》言："清气在下，则生飧泄；浊气在上，则生䐜胀。"故用葛根升举清阳，黄芩、黄连清热燥湿、厚肠止利，甘草甘缓和中，诸药共同治疗湿热伤中所引起的暴泻。清胃散治疗胃火炽盛而引起的口气，另外加入痛泻要方补脾柔肝、祛湿止泻。麦冬、玄参、生地黄乃增液汤，暴泻之疾不能一味清燥，也应顾护津液，故用其增液润燥，有佐制之意。建曲、炒谷芽消食、理气，既针对宿食又通胃肠之气，促使邪气排出。诸药合用，以针对暴泻为主，同时兼顾久泄之证。

二诊患者暴泻症状缓解，则重点应在治疗其久泄方面。肝郁脾虚是本病的基本病因，治疗当柔肝健脾，土旺则木荣，木荣则土疏。故用参苓白术散健脾益气，再加入六君子汤合柴胡、白芍，此由柴芍六君子汤化裁而来，先生常用于治疗肝脾病变。其中党参、白术、茯苓、甘草为四君子汤组成，重在健脾益气；陈皮、半夏降逆和胃理气，并能燥湿化痰；柴胡升散，白芍收敛，一散一收，既疏肝柔肝，又敛阴和营。纵观全方，益气与理气同在，健脾与疏肝共存。脾胃者，气机升降之枢纽也；肝者，调畅气机之脏腑也。半夏主降，柴胡主升，配伍陈皮理气，使气机升降出入得以恢复，肝脾同治，双管齐下，达到"和"的目的。此外温胆汤温凉兼进，既燥痰湿，又清里热。痰湿得化，使脾胃运化正常，气机调畅，肝脾同治。由于患者患病日久，治疗时间长，故后来使用散剂健脾益气，脾气调畅，则气机升降正常，诸症得解。

（贾志超，夏孟蛟）

6. 失眠

黄某，男，53岁，已婚，2011年7月7日初诊。

自诉入睡困难，梦多易醒，头晕。询之：3年来反复入睡困难、易醒多梦，右耳耳鸣半年左右。刻诊：精神较差，舌微红，苔黄厚腻，脉弦滑。

诊断：不寐。

辨证：痰热扰心。

治法：清化热痰，镇潜安神。

处方：黄连温胆汤加味。

药物：黄连10g，法半夏12g，竹茹15g，枳实15g，陈皮12g，茯苓20g，生甘草3g，生龙骨20g^{（先煎）}，生牡蛎20g^{（先煎）}，炒酸枣仁30g，柏子仁30g，合欢皮15g，夜交藤15g。8剂，水煎服。

2011年7月21日二诊：服上方后，耳鸣减轻，睡眠状况有所改善，上方去龙骨、牡蛎，8剂。后患者亲戚前往先生处就诊，诉该患者耳鸣及失眠症状明显减轻。

按语： 失眠系心神不安、阴阳失调、气血失和所致。在其基础上，邓中甲先生认为阴阳失调、气血失和均与痰有关。可以说，痰是各个脏器失调产生的最终病理产物，对失眠的产生、发展、转归起着关键作用。所以，先生认为应从"痰"论治失眠。痰之为物，质地稠厚，是水液凝结于脏腑、经络、组织之间，常由外感六淫，内伤七情而致脏腑功能失调产生。痰无处不到，无形可见，阻滞机体气血，流窜经络，妨碍脏腑功能，使得机体或虚或实，阴阳失去平衡，即"百病多由痰作祟""十病九痰"之说，导致包括失眠在内的多种病症的发生。《内经》有"胆主决断"之说，人之勇怯与胆相关，失眠等神经官能症皆属于此，此病案患者兼有耳鸣，足少阳胆经一支从耳后穿过耳中，经耳前到眼角外，故治疗上应从胆入手。

因此，作为理气化痰、和胃利胆之代表的温胆汤，是先生临床治疗失眠的主方。先生认为可以通过临床灵活加减温胆汤论治失眠，例如常应用黄连温胆汤，效如桴鼓。黄连温胆汤中黄连燥湿化痰、清心泻火；半夏健脾和胃、燥湿化痰；

竹茹清热化痰、除烦，与半夏相伍一温一凉；陈皮与枳实合用，温凉结合，增其理气化痰之功；茯苓理气健脾，以杜生痰之源；生姜和胃并制约半夏之毒性，甘草调和诸药。纵观全方：半夏、陈皮、生姜偏温，竹茹、枳实偏凉，温凉渐进，令全方不寒不燥，理气化痰以和胃，胃气和降则胆郁得舒，痰浊得去则胆无邪扰。

酸枣仁、柏子仁、合欢皮、夜交藤为先生治疗失眠之常用药对。其中酸枣仁养心补肝、宁心安神，直接针对引起失眠最为关键的两大脏腑进行治疗，配伍柏子仁，与酸枣仁一起大剂量（常为30g）使用，增强宁心安神之功；合欢皮解郁安神兼能活血，夜交藤养心安神、祛风通络，二者合用，增强解郁安神之效。失眠患者多为久病，故该药对不仅针对"久病入络，痼病必瘀"之说，而且为解郁、养心安神之法同用。综上所述，此药对集养心、补肝、解郁、祛瘀、通络之法于一身，并有补血调气之功。此外，加入镇惊安神、平肝潜阳之龙骨、牡蛎，以期调整阴阳，如是则复其宁谧，诸症自愈。二诊患者睡眠质量有所改善，无须重镇安神，更应治疗疾病之因，故去龙骨、牡蛎，余方不变。

（夏孟蛟，贾志超，鱼潇宁）

7. 瘰疬

周某，女，29岁，未婚。2016年5月7日初诊。

自诉颈部包块不红不痛，自觉喉中有痰。询之：平日脾气易急躁，全身易乏力。西医诊断为"颈部淋巴结结核"。刻诊：发热口干，舌偏红，苔薄黄，脉弦数。

诊断：瘰疬。

辨证：气滞痰凝，痰郁化热。

治法：理气化痰，开郁清热，软坚散结。

处方：温胆汤加半夏厚朴汤加味。

药物：法半夏12g，竹茹15g，枳实15g，陈皮12g，茯苓20g，生甘草3g，厚朴15g，苏叶15g，生姜3g，夏枯草15g，连翘15g，知母15g，黄柏15g，白芥子15g，浙贝母15g，海蛤壳15g（先煎），瓦楞子15g（先煎），莪术15g。4剂，水煎服。

2016年5月14日二诊：发热乏力症状有所改善，原方加减续服。

按语： 西医学所谓颈淋巴结结核，属中医学"瘰疬"范畴。邓中甲先生将瘰疬的病因病机概括为"痰"病与"气"病两方面：若脾失健运，不能运化水湿，则湿聚成痰，浊痰注入肌肉，凝聚于颈项而成。若肺气不足，治节无权，水湿津液失于宣化，则聚而成饮化痰，窜注皮里膜外；倘凤疾痨瘵，肺阴久耗，可内生虚火灼津炼液。凡此皆可结聚为瘰疬。若忧思恚怒，肝气郁结，气机失于疏泄，郁而化火，煎熬津液，灼为痰火，结于颈项脉络，遂成瘰疬。若先天之气不足，禀赋薄弱，后天未及时补养，精血素亏，肝肾不足，每致颈项结核累累。肝肾虚弱往往会导致气阴两虚，容易炼液成疬。除内伤之气外，感受外邪如风、寒、暑、热甚至四时杀戾之气，乘虚从皮毛或口鼻侵入机体，沿经络扩散，与宿邪相搏，窜注颈上、腋下，亦可结成顽核；倘郁滞不散，久则内溃成疬。故肝、脾、肺功能失调是气、痰生成的基础，痰、气等病理产物生成后必将蓄积而难除。然瘰疬的发生、发展与体质因素、病程长短、甲状腺肿大有无结节肿块，以及淋巴结肿大的病因、病情、治疗后反应等因素都具有相关性。因此，正确把握其病机，祛除病理产物，平衡脏腑功能就成为其治疗关键。

先生在治疗淋巴结结核、皮下脂肪瘤等属中医无形之痰聚集于身体某处的病证，常以温胆汤、半夏厚朴汤为基础方加理气化痰、软坚散结之药治疗。

因"怪病多痰"，温胆汤为理气祛痰基本方，而半夏厚朴汤多针对痰气郁结所致病症，其病机在于情志不遂，肝气郁结，肺胃失于宣降，津液不布，聚而为痰，痰气相搏。气不行则郁不解，痰不化则结难散，故宜行气散结、化痰降逆之法。方中半夏辛温入肺胃，化痰散结，降逆和胃，为君药。厚朴苦辛性温，下气除满，助半夏散结降逆，为臣药。茯苓甘淡渗湿健脾，以助半夏化痰；生姜辛温散结，和胃止呕，且制半夏之毒；苏叶芳香行气，理肺疏肝，助厚朴行气宽胸、宣通郁结之气。三者共为佐药。

因瘰疬属于有形之包块，故先生强调应用软坚散结的药对（队），常配伍使用的软坚散结药对有枳实、竹茹化痰软坚散结，白芥子、浙贝母、海蛤壳、瓦楞子除湿软坚散结，海藻、昆布消痰软坚散结。若兼见热证，配伍夏枯草、连翘清热化痰散结。同时，先生强调此类病病程较长，考虑病久多瘀，故又常配伍三棱、莪术化瘀软坚散结。本病需要长期坚持服药，每三个月可以复查一次，观察包块大小变化。

先生强调在遣药组方时应讲究药人相应、方有正序。在处方用药时不仅应随时随刻注意人体各脏器的生理特性，而且应体现人体自身的生理特性和功用，意在用方剂自身所含的与人体正常功能特性相似的"功能特性"，来改变和治疗已经因疾病而改变和破坏的人体正常的功能特性，从而恢复正气阴阳平衡。

（夏孟蛟，鱼满宁，贾志超）

8. 血淋

陈某，女，30 岁，已婚。2012 年 1 月 9 日初诊。

镜下血尿 10 个多月，甚者可见肉眼血尿，小便伴轻微灼痛感，尿频尿急，西医诊断为"子宫内膜异位症"。患者诉 10 个月前感冒后出现上述症状，现躁扰不安，五心烦热，汗多、动则尤甚，乏力懒言，口干舌燥，欲饮水，饮入即吐。月经后期，经量少、色淡，经行腹痛，首日尤甚。眠差，胃纳一般，大便调，小便如上所述。刻诊：贫血貌，舌质稍红苔白，脉细滑数。

诊断：血淋。

辨证：阴虚火旺，血不归经。

治法：清虚热，降阴火，通调水道。

处方：五苓散加味。

药物：生白术 15g，猪苓 15g，茯苓 20g，桂枝 15g，泽泻 15g，知母 15g，黄柏 15g，生地黄 12g，银柴胡 15g，胡黄连 20g，黄芪 15g，防风 12g，藕节 20g，白茅根 20g，仙鹤草 20g，侧柏叶 20g。12 剂，水煎服。

2011 年 1 月 23 日二诊：患者躁扰不安、五心烦热、尿频尿急、汗多症状减轻，仍觉口舌干燥。去黄芪、防风，加天花粉 15g，麦冬 20g，石斛 20g，他药不变，服 6 剂，并复查尿常规。

2011 年 1 月 30 日三诊：患者尿常规结果显示红细胞在正常范围，诸症均缓，予知柏地黄丸善后。

按语：患者患病日久，灼伤阴液，虚火上炎则躁扰不安，眠差；虚火下灼，破血妄行，则尿血，小便灼痛，故此证为阴虚火旺，血不归经引发。五苓散乃《伤寒论》之名方，主治膀胱气化不利之蓄水证。然阴虚火旺之血证，为何以五苓散为主方？先生提出原因有三：①患者先有外感，其后出现一系列症状，即太阳表邪未解→循经传腑→膀胱气化不利，具体表现为尿频尿急，继而化热，水热互结于膀胱，出现灼痛感、血尿等情况，符合五苓散病机。②"欲饮水，饮入即吐"是五苓散证的指征之一。③五苓散输布气津，与大队滋阴降火药配合，防止药物堆积不化。

方中泽泻、猪苓、茯苓利水渗湿，排出蓄水，解决小便不利；白术健脾燥湿；桂枝温阳化气健脾。《诸病源候论·淋病诸候》道："血淋者，是热淋之甚者，则尿血，谓之血淋。"故用泽泻、知母、黄柏、生地黄、茯苓五药取知柏地黄丸之意，意在滋阴降火，与银柴胡、胡黄连等清虚热药相配，清解虚热。黄芪、白术、防风为玉屏风散，针对患者动则易汗出之征象。藕节收敛止血，化瘀；白茅根凉血止血，清热利尿；仙鹤草收敛止血，解毒补虚；侧柏叶凉血止血。此药对既收敛止血又凉血止血，增强整个方剂的止血之效。二诊中麦冬、天花粉、石斛再合上方知母、生地黄为先生常用于治疗口干口渴之药对，意在滋阴润燥。

此病案的关键在于五苓散之运用，虽为阴虚火旺之象，但仍应把握好病因病机，针对病机准确治疗，这也反映出详细询问病史的重要性。

（贾志超，夏孟蛟）

9. 哮喘

许某，男，63 岁，已婚。2016 年 12 月 10 日初诊。

患者胸闷气喘两年余，长期无规律使用信必可都宝喷雾剂，但症状反复。刻诊：面色㿠白，胸闷气喘，有痰难咯，腰膝酸冷，手足偏冷，纳差，二便调，舌淡苔白，脉沉细。辅助检查：支气管激发试验阳性。

诊断：哮喘。

辨证：阳虚风痰阻肺。

治法：温阳化痰，祛风通络。

方剂：苏子降气汤加减。

药物：炙麻黄 10g，熟地黄 15g，白芥子 15g，苏子 15g，杏仁 10g，当归 10g，肉苁蓉 15g，巴戟天 15g，地龙 10g，细辛 3g，蝉蜕 6g，僵蚕 10g，法半夏 10g，肉桂 3g，厚朴 15g，炒莱菔子 15g。7 剂，每日 1 剂，水煎服。

2016 年 12 月 17 日二诊：诸症有减，舌脉同前，上方不变继以 7 剂，水煎服。

2016 年 12 月 24 日三诊：近况尚可，舌苔薄白，脉沉细，以通阳化饮、补益肺肾为主。守原方去肉桂。14 剂，水煎服。定期随访，酌情加减药物。

按语：哮喘病不外乎虚实两端，凡虚损者有三本，肺、脾、肾是也；《中医内科学》中说："肺为气之主，五脏之华盖，外合皮毛。肺虚卫外不固，宣降失职，肺气壅实，呼吸不利而喘。肾藏精，内寓元阴元阳。脾为后天之本，气血生化之源，脾气散精，上归于肺，以充养肺金。"故先生认为肺气虚、肺阳虚、肾阳虚、肾阴虚、脾胃气虚、脾胃阴虚、脾胃阳虚等虚损皆为支气管哮喘的内因，实者多风、痰、瘀、湿热等。"风为百病之长"，风邪侵袭，肺失宣降；"风盛则痉"，搏及气道，发为哮喘。朱丹溪在《丹溪心法·喘论》中提出"哮喘专主于痰"。唐宗海云："瘀血乘肺，咳逆喘促。"基于上述认识，先生认为外邪入侵（多风邪），肺失宣降，伏痰阻肺，气机紊乱，致使血脉不畅，络脉痹阻，久而致哮病。临床中哮喘由于湿热痰气而致者有逐年增多的趋势，缘由今人多食肥甘厚腻之品，喜用补益之剂，常使气、血、津液黏滞不畅，滋生湿热，热灼津液而化痰，互结为患，壅遏气道，痹阻气机。因此，临床中当审查患者是否有痰湿热之象，先生对此常用温胆汤清热化痰，加入浙贝母、瓜蒌等药物增强化痰之力。

哮喘之疾，病程日久，迁延难愈，加之中西药的长期治疗，使得病机病因更加复杂。有由实致虚者，亦有由虚致实者，虚中有实，实中夹虚，更有"至虚有盛候""大实有羸状"者，应加以详辨。

治疗上针对脏腑虚损，选方用药时先生强调活泼轻灵，不宜滋腻壅滞，忌峻猛克伐，应以斡旋气机之职为旨。临床中先生善用性味甘平之药物如山药、茯苓、太子参、炒麦芽等，使补而不峻，加以杏仁、桔梗、陈皮、法半夏以流通肺脾气机。对于痰瘀留饮诱发哮证，且久病之疾多有入血阻络者，先生指出医家必须辨别两者病邪之先后、轻重及标本，采用治痰以消瘀、治瘀以消痰或取活血化痰之法，治痰常用温胆汤，活血常用血府逐瘀汤，二者合并则用双合汤。先生认为对于久病不愈，病邪入络，顽固难消者，必借"虫蚁血中搜剔以攻通邪结"，先生常将地龙、僵蚕、全蝎三者为伍，升降结合，祛风活血，浊去凝开，经行络畅，方能药应病机。

（高翔，张晓丹）

（三）妇科疾病

1. 经期延长

张某，女，21 岁，未婚。2013 年 10 月 8 日初诊。

患者近 4 个月来月经量增多，经期延长至 10 天左右。询问病史，患者平素即有少腹冷痛、手脚冰凉、月经中夹血块的症状，行经期间若食用生冷之物则上述症状加重。末次月经行于 9 月 2 日，9 月 12 日方净；此次月经始于 10 月 3 日，量多，夹有瘀血，月经色暗，行经时小腹疼痛，喜温喜按，现觉膝下冷，大便时有干燥、解时不顺畅。刻诊：精神不佳，面部稍欠润泽，舌质黯，苔薄黄，脉细涩。

诊断：经期延长。

辨证：冲任虚寒，瘀热阻滞。

治法：温经散寒，养血祛瘀。

处方：温经汤加减。

药物：吴茱萸 15g，麦冬 15g，当归 15g，白芍 15g，川芎 15g，晒参 15g，桂枝 15g，阿胶 15g（烊化），牡丹皮 15g，炙甘草 6g，法半夏 12g，高良姜 15g，延胡索 12g，炒黄芩 15g，炒栀子 15g，肉苁蓉 20g，郁李仁 15g，续断 20g，怀牛膝 20g，生姜 3g。6 剂，水煎服。

2013 年 10 月 15 日二诊：患者月经 11 日干净，此次行经 8 天，痛经症状稍有好转，大便通畅，舌淡红，苔薄白，脉细。先生在上方基础上去炒黄芩、炒栀子、肉苁蓉、郁李仁、白芍，加入生地黄 15g，赤芍 15g。服至下次月经来时。

2013 年 11 月 4 日三诊：患者诉月经 11 月 3 日已至，痛经基本得以控制，未觉膝下冷，月经色红、量可，舌淡红，苔薄白。先生在温经汤基础上加入怀牛膝 20g，随访后知患者本次月经 6 日即止。

按语：经期延长多责之虚、热、瘀，本案中患者既有阳气不足之表现，如手脚冰凉、少腹冷痛等，又有瘀血内停之征象，如月经夹有血块等，同时还有苔薄黄之热象。虚寒热瘀错杂，先生在温经汤基础上加减化裁。温经汤出自张仲景《金匮要略·妇人杂病脉证并治》第 9 条："问曰：妇人年五十所，病下利数十日不止。暮即发热，少腹里急，腹满，手掌烦热，唇口干燥，何也？师曰：此病属带下。何以故？曾经半产，瘀血在少腹不去。何以知之？其症唇口干燥，故知之。当以温经汤主之。"先生认为温经汤的主治包含虚、寒、瘀、热，反映出病机比较复杂，所以在病机分析当中，关键是把握一个主线，即冲任虚寒是其本质。冲任虚寒实际上涉及下焦肝肾虚寒，肝肾阳气不足，从而不能固摄血行于脉中，导致血不循经，则经血过多、经期延长；阳气不足，无力推动血行则产生瘀血，瘀血内生反过来又会导致血不循经，形成恶性循环；出血过多，阴血不足，则又产生虚热；阴液内耗，肠道失于濡润则大便干燥。方中当归、川芎、白芍养血祛瘀，调理冲任；吴茱萸、桂枝温经散寒暖宫；麦冬、阿胶养血润燥止血；人参、甘草、半夏益气和胃。全方共奏调补冲任、养血祛瘀之功。冲任得补，气血调和，瘀去新生，归于脉道，则下血得止。再加入高良姜温胃止痛、顾护中焦，炒黄芩、炒栀子清热止血，以上三药针对寒热错杂之病机。延胡索疏肝行气，增强止痛之效；肉苁蓉、郁李仁补虚通便；续断、牛膝补肝肾、调血脉，此外牛膝载药下行，照顾胞宫及膝下。综观本方，结合患者虚寒热瘀错杂的病机，用药精当合理。

二诊患者月经已净，故需增强活血、宁血、补血之效，易白芍为赤芍，加入生地黄清热养阴；三诊患者月经又至，为防止阴血过多耗损，加入补益疏通之品，诸症得解。唐宗海《血证论》提出"止、消、宁、补"四法治疗血证，即"止血""消瘀""宁血""补血"四者，先生在此案中沿袭、体现，在紧扣病因选择主方的同时，通过方药的化裁和收涩、化瘀、凉血、补虚药物的使用，结合患者的月经周期，最终取得较为满意的疗效。

（贾志超，夏孟蛟）

2. 月经过少

李某，女，26岁，未婚。2012年7月12日初诊。

近1年月经量少、色淡，月经周期正常，偶有痛经现象。患者平素经常头晕、乏力，出汗或吹风后易"感冒"，不欲运动，自认疾病缠身，心情抑郁，寐差，二便及饮食尚可。刻诊：面色无华，舌淡苔薄，脉细。

诊断：月经过少。

辨证：气血虚弱，肝气郁结。

治法：益气养血，疏肝健脾。

处方：归脾汤合逍遥散加味。

药物：当归15g，白芍15g，醋柴胡15g，茯神20g，生白术20g，炙甘草6g，生姜3g，薄荷15g，益母草15g，怀牛膝15g，桃仁12g，红花12g，熟地黄15g，砂仁6g，生晒参15g，黄芪15g，远志12g，酸枣仁30g，木香15g，龙眼肉15g，大枣6g。12剂，水煎服。

2012年7月26日二诊：患者头晕乏力状况好转，月经将至，舌脉同前。先生去益母草、怀牛膝、桃仁、红花，其余药物剂量不变，6剂，水煎服。月经净后，患者复诊，诉月经量尚可，月经色淡，后先生嘱患者增强运动，保持心情舒畅，服归脾丸合玉屏风散善后。

按语：《素问·上古天真论》中写道："女子七岁。肾气盛，齿更发长，二七而天癸至，任脉通，太冲脉盛，月事以时下。"说明月经为女性正常生理活动。脾胃为后天之本、气血生化之源。脾气不足时，一则乏力，不能卫外，易感冒；二则因"气为血之帅"，气不能化生血液，血虚不能涵养心神则寐差，气无力推动血液上达脑窍则头晕、面色无华。明代吴崑所著《医考方》云："血衰则月来而少。"脾气不足导致脾失健运，气血生化乏源，继之则冲任及肝血不足，表现为月经色淡、量少。所以此病病机为心脾两虚证。然先生为何还加入逍遥散及桃仁、红花等活血药？原因有二：一是气血不足，导致肝血来源减少，由于肝为刚脏，肝之阴血不足则导致肝失条达、肝气郁结，表现为心情抑郁，继发血行不畅形成瘀血，此二者亦会导致月经量少，从而形成恶性循环。故加入治疗肝郁脾虚基础方逍遥散以疏肝解郁兼以养血健脾，桃仁、红花活血化瘀，这正是未病先防和已病防变的思想。二是本方中有大量补益之品，若仅"补"不"通"，亦不能达到补益效果，反而会加重病情；归脾汤本身有木香来疏通气机，但恐其力度不足，故加入行气活血药，以求"补而不滞"。

综观全方，有归脾汤益气补血、健脾养心；逍遥散调和肝脾，二方合用益气补血、调畅气机，但上方加入砂仁着重于"治气"。针对血虚，"治血"亦是关键，故用"益母草、怀牛膝、桃仁、红花"药对活血化瘀，熟地黄、白芍、当归有四物汤之意，旨在补血养血，由于已有不少活血药物，故去川芎。二诊患者月经将至，不宜多用活血药物以免造成出血过多，故撤活血化瘀药对，着重调理心、肝、脾三脏，使后天之血得以化生。针对患者汗出易感冒及后续症状，用玉屏风散合归脾丸善后。

（贾志超，鱼满宁）

3. 月经先后不定期

王某，女，30 岁，已婚，2014 年 6 月 15 日初诊。

近 1 年月经先后不定期，时有提前时有错后，有时甚至相差半月余，月经量少，有血块，色红，质稍稠。患者平素工作压力较大，性格急躁易怒，失眠烦躁，口苦，大便质稀，每次行经之前自觉乳房隐痛，曾行多项妇科检查均无明显异常，唯乳腺增生，患者四处求医，心情抑郁。刻诊：焦虑貌，舌淡苔薄黄微腻，脉弦细。

诊断：月经先后不定期。

辨证：肝郁血虚脾弱，并有化热征象。

处方：丹栀逍遥散加味。

药物：牡丹皮 15g，栀子 15g，当归 15g，白芍 15g，醋柴胡 15g，茯苓 20g，炒白术 20g，炙甘草 6g，生姜 3g，薄荷 15g，益母草 15g，怀牛膝 15g，桃仁 12g，红花 12g，白芥子 15g，浙贝母 15g，莪术 15g，夏枯草 15g，连翘 15g。12 剂，水煎服。

2014 年 6 月 29 日二诊：患者诉月经 6 月 20 日已至，较上月推迟 1 周，月经量、色、质均正常，乳房隐痛稍有缓解，二便常，仍眠差，入睡困难，夜间梦多，口苦，舌脉同前。先生言上方既然有效，保持丹栀逍遥散主方不变，合陈皮 12g，半夏 12g，竹茹 15g，枳实 15g，酸枣仁 30g，柏子仁 30g，合欢皮 20g，夜交藤 20g，石菖蒲 15g，远志 12g。12 剂，水煎服。

2014 年 7 月 12 日三诊：患者诉月经今日已至，睡眠较之前好转，月经量、色、质正常，此次月经来之前乳房隐痛减轻，口苦好转。先生其后嘱服丹栀逍遥丸继续巩固治疗，同时保持心情舒畅。3 个月后因其他疾病寻求于先生，诉未再出现月经先后不定期的情况。

按语： 肝藏血，调畅气机。叶天士在《临证指南医案》中提出 "女子以肝为先天"，现代女性由于工作、学习、生活的压力过大，导致肝失疏泄，多表现为月经不调、闭经、不孕等。结合本案，患者压力大，导致肝气郁结、疏泄失司，则月经紊乱；气机不畅，郁而化热，灼伤阴血，则性情急躁，失眠烦躁，月经量少；郁火上炎，则口苦；肝经循行于乳房，若肝气不畅，停留乳房，则乳腺增生；气机阻滞，血行不畅，则出现瘀血、血块。肝属木，脾属土，木旺克伐脾土，导致患者大便稀溏。张仲景《金匮要略》中言："见肝之病，知肝传脾，当先实脾。"故治疗上要同时照顾肝、脾二脏。主方选用丹栀逍遥散，其中柴胡、白芍、当归配伍，补肝体，为肝用，体用并调；生姜、白术、茯苓健脾除湿，分消三焦；薄荷、牡丹皮、栀子既疏肝又清肝泄热；"益母草、怀牛膝、桃仁、红花"为先生治疗月经病瘀血停滞常用药对，桃仁、红花、怀牛膝有血府逐瘀汤之意，活血化瘀，引血下行，补益肝肾，注重下焦胞宫瘀滞，加入益母草活血调经，同时还能清因瘀滞产生的郁热。先生认为所有增生性疾病都应考虑气机阻滞引起的气血津液代谢障碍。故乳腺增生应化痰、行气、通络、消肿散结。患者乳房隐痛，适逢六月，正值夏季，暑热旺盛，故治疗还需适当清热，其中白芥子、浙贝母重在化痰通络，莪术行气破血、止痛，夏枯草、连翘重在清热消肿散结。综观本方，肝脾同调，化瘀清热，舒畅全身气机，分消三焦水津郁结之证，以通为用。

二诊患者寐差症状明显，方用丹栀逍遥散合温胆汤加味。温胆汤是在二陈汤基础上加竹茹、枳实，既化痰又行气，先生认为其有"镇惊安神"之功效；"酸枣仁、柏子仁、合欢皮、夜交藤、石菖蒲、远志"药对，先生常与温胆汤合用治疗失眠，失眠的病因在于心神不安、阳盛阴衰，此药对重在养心补肝，清热解郁，化痰安神，集养血、清心、化痰等诸多安神方法于一体，效果显著。由于患者月经不调病因源于精神压力，自身调控尤为重要。七月中旬，天气炎热，患者熬药储存不便，再加上诊断明确，证型变化不大，故换用丸剂，巩固疗效。

（贾志超，鱼潇宁）

4. 崩漏

陈某，女，35岁，已婚，2011年3月6日初诊。

患者月经淋漓半月有余，现燥热不安，时有汗出，上午及运动后尤甚，乏力懒言，面色无华，月经周期紊乱。患者诉月经量少、色淡，月经淋漓现象已持续半年余，还觉头晕，失眠，纳差，二便调。刻诊：贫血貌，舌淡苔薄，脉细弱。

诊断：崩漏。

辨证：肝郁脾虚，气不摄血。

治法：疏肝健脾，益气摄血。

处方：补中益气汤合柴芍六君子加减。

药物：生白术 15g，生晒参 15g，黄芪 30g，炙甘草 10g，升麻 6g，醋柴胡 15g，白芍 15g，陈皮 12g，当归 15g，茯苓 20g，法半夏 12g，建曲 12g，炒莱菔子 15g，艾叶 15g，仙鹤草 15g。6 剂，水煎服。

2011 年 3 月 13 日二诊：患者服 2 剂后月经停止，燥热情况明显减轻。先生在上方基础上去艾叶、仙鹤草。6 剂，水煎服。

2011 年 3 月 20 日三诊：患者气短乏力及燥热现象减轻，仍失眠，且担心下次月经来时仍淋漓不尽，故先生予归脾丸善后。后电话询知患者睡眠好转，末次月经 3 月 21 日，行经 7 天，未有月经淋漓现象。

按语：崩漏是指月经周期、经期或经量发生严重失常的病证，其发病急骤，暴下如注，大量出血者为"崩"；病势缓，出血量少，淋漓不绝者为"漏"。此案责之脾气不足，一则不能升提下陷之阳气，冲任失固，使血失统摄，遂月经淋漓；二则气之生成不足，乏力懒言。由于患者气血本就生成不足，又因崩漏致使血流失过多，则加重血虚症状：月经色淡、量少，面色无华。脾主升清，脾气不足则导致清阳下陷，脾湿下流，郁遏下焦阳气，化火上攻，表现出燥热现象。先生认为，气虚发热的特点是以上午发热居多，且遇劳则发，往往体温升高不明显，但多伴汗出。《温病条辨·治血论》云："故善治血者，不求之有形之血，而求之无形之气。"《傅青主女科》云："若不急补其气以生血，而先补其血而遗气，则有形之血，恐不能遽生，而无形之气，必且至尽散，则所以不先补血而先补气也。"又如《景岳全书·妇人规》道："故凡见血脱等证，必当用甘药，先补脾胃以益生发之气。"可见，益气摄血是医家治疗妇科崩漏的关键手段之一。故通过健脾益气、升举清阳，在甘温除热的同时，使下陷之清阳、下流之脾湿病机根除，则疾病自解。

方中补中益气汤出自"补土派"名家李杲之手，不仅补气健脾，还升提下陷之阳气，使浊降清升，中气不虚，则升举有力、固摄有权，血自无外溢之患，同时甘温除热。此证升麻取其升提作用，故用量要轻；柴胡用量较大，意在取其疏肝作用，而非升提之性。六君子加柴胡、白芍用以治疗中气虚弱、肝脾不和，同时有燥湿醒脾之效。建曲、炒莱菔子健脾消食，后天受纳正常，则气血生化有源。少佐艾叶、仙鹤草收敛止血，针对的是月经淋漓之症。二诊患者月经已净，故去止血药。三诊改用归脾丸善后，意在益气补血、健脾养心，达到气血同补，同时改善失眠的状况。

（贾志超，夏孟蛟）

5. 滑胎

苏某，女，32岁，已婚，2010年1月6日初诊。

2003年结婚，2004年妊娠3个月流产一胎，2006年妊娠2个月流产一胎。2009年12月2日妊娠2个月，因阴道突然出血入住妇产科。检查报告：尿妊娠试验（＋）。B超检查：宫内早孕。经调理1个月效果不佳，遂到先生处就诊。症见阴道出血，初色鲜红，后为肉红色，1日少量出血2～3次，少腹有下坠感，腰酸膝软，纳差，食少，偶有冒酸。经询问常常与丈夫吵架，急躁易怒，压力较大。带下量较多、色黄白。舌质较红，苔白而润，脉弦细无力略数。

诊断：滑胎。

辨证：肝旺脾虚，肾虚冲任不固。

治法：疏肝健脾，补肾安胎。

处方：逍遥散合寿胎丸加减。

药物：阿胶9g（烊化），当归12g，川断12g，菟丝子12g，桑寄生12g，仙鹤草12g，茯苓20g，建曲12g，炒谷芽15g，白术15g，陈皮12g，柴胡15g，炒栀子12g，淫羊藿12g，佛手15g，炒白芍15g，桂枝5g，炙甘草6g。3剂，水煎服。

嘱其注意休息，避免劳累，饮食清淡，控制情绪。

2010年1月13日二诊：少腹下坠减轻，阴道出血明显好转。精神尚可，食欲增加，带证未减。查舌、脉同前。效不易法，前方加乌贼骨15g，白扁豆15g，4剂，水煎服。

2010年1月20日三诊：除少腹仍有轻度下坠及带下外，余症皆消。舌红、脉沉缓。依前方去乌贼骨、建曲、炒谷芽、仙鹤草、桂枝，加升麻15g，党参12g，山药12g，4剂，水煎服。服后胎安血止。

患者妊娠第5个月时又复现阴道极少量出血。仍按上述治疗原则，加减化裁，前后共经3个多月的断续治疗，保持妊娠，终于2010年6月20日足月产，产一男孩，体重3.25kg，发育正常，母子均安。

按语：习惯性流产，中医称滑胎，指堕胎、小产连续三次以上者。其是妇科常见病、多发病。西医治疗多用黄体酮、维生素E、叶酸等药物，但研究发现黄体酮制剂可能有增加胎儿发生畸形的危险和促进男性胎儿性分化的作用，故存在一定风险。中医药治疗滑胎疗效较好，但目前治疗上多采用补肾、益气、养血安胎之法，仍存在固之有余，调之不足的弊端。先生认为肝肾不调，疏泄与闭藏功能失调是滑胎的核心病机。气血失调，寒、湿、痰、瘀、热停聚是滑胎的基本病理过程。先生指出，明确肝肾虚实的侧重、邪正关系的比例，是提高疗效、减少复发的关键。同时应兼以调气和血、祛除病理产物（寒、湿、痰、瘀等），力求恢复肝肾疏泄与闭藏功能。因此，基于根本病机提出以调固安胎法为基本治法。"调"旨在使肝疏泄之气连续贯通，保持胎儿周围内环境气机通畅，筋膜系统稳定，传导输送精微物质正常；若肝旺血热，疏泄功能障碍，则致堕胎小产；"调"重在使肝疏泄适度，从而恢复冲任功能。"固"与"调"相辅相成；不固则闭藏不及，不固则疏泄易过，闭藏功能异常必将导致疏泄功能异常，反之亦然；治疗当把握调固之平衡。

此案患者由于多次流产，使脾肾双虚，化生无源。肝失疏泄，冲任不固，故难孕胎，故治疗应以调肝固肾，调气血、固冲任为宗旨，再结合临床症状，随症治之。正如《妇人规·安胎》云："安胎之方不可执，亦不可泥其数月，但当随症随经，因其病而药之，乃为至善。"故方选逍遥散合寿胎丸加减。以柴胡、佛手、陈皮调气疏肝，俾气机疏通，气血自能流转。白术、茯苓、建曲、谷芽运脾调气，能运转中州，气调而血能生，运脾而不燥，并防肝之疏泄太过、克伐脾土，正如张仲景曰："见肝之病，知肝传脾，当先实脾。"以桑寄生、续断、菟丝子平补肝肾，少佐淫羊藿使阴得阳助而源泉不竭。再加栀子以泻阴火，血不热自无欲动之弊。妙在稍加桂枝一味，用药轻清，既散结气、开玄府，又无助热之弊。复以阿胶、仙鹤草、当归，寓补血、活血、止血于一体，补而不滞，通补兼施。全方以调肝固肾为宗旨，将调气血、散郁结、理肝肾融入固胎之中，调固结合，双向调节，此为取得疗效的关键。二诊加乌贼骨止血抑酸，白扁豆健脾除湿。三诊患者诸症均缓，少腹仍有轻度下坠，故加升麻、党参、山药，有补中益气汤之意，以达补中益气、升阳举陷之功。

（张晓丹，贾志超）

（四）骨伤、外科及皮肤科疾病

1. 脱发

张某，男，35 岁，已婚，2008 年 6 月 6 日初诊。

自诉两年前开始，头顶头发呈稀疏脱落，平时工作压力较大，经常晚睡。询之：头发稀疏，头屑多，头皮痒，油脂分泌多，口干，纳可，眠差多梦，小便稍黄，食火锅或者辣物后大便黏滞不爽。刻诊：口有异味，舌红苔白黄腻，脉弦滑。

诊断：脱发。

辨证：肝郁痰热证。

治法：疏肝解郁，清化痰热。

处方：逍遥散合温胆汤加减。

药物：柴胡 12g，白芍 12g，当归 6g，茯苓 20g，生白术 15g，生姜 3g，薄荷 10g，生甘草 3g，法半夏 12g，陈皮 12g，枳实 12g，竹茹 12g，制何首乌 20g，生麦芽 15g。16 剂，水煎服。

2008 年 7 月 4 日二诊：服上方 1 个月后，睡眠改善，头屑减少，头皮痒及头发油腻基本消失，头发已几乎不脱落，脱发的头皮处见少量新生的黄白色柔毛。嘱继用上方加桑椹 15g，服用 1 个月，症状明显好转，头发不再脱落，由细转粗。又嘱患者再服用 10 剂。

按语： 肾藏精，其华在发，发的生长和脱落、润泽与枯槁，不仅依赖于肾中精气之充养，亦有依赖于血液的濡养，故又谓"发为血之余"。因此脱发与血、肝、肾密切相关。先生临证时发现脱发患者以中青年人为多，问诊时发现大多数患者除了脱发伴有头皮油腻或不油腻，发质较干的局部症状外，还常有工作压力大、精神易紧张、睡眠多梦的特点。分析其病因，主要与当今社会竞争激烈的时代特点给正处在成就事业的中青年人带来较大的精神压力，并由此产生复杂的情志变化，导致气血失调有关。

因此，先生在脱发论治中注重调肝。肝主疏泄，调畅气机和情志，肝的疏泄功能正常，气血才能正常输布，濡养周身，而发有所养；另外肝以升发之性为特点，人体的生机活力需要肝的功能发挥正常。因此，从肝论治探讨脱发的机理，对临床治疗脱发具有一定的指导意义。唐宗海《血证论》说："肝属木，木气冲和条达，不致遏郁，则血脉通畅。"因此十二经气血得肝气疏泄，则能行达头巅，荣养其发。木郁不达，疏泄不及，则气郁化火，火性炎上，循经上燎发基，则发落不生。如《怡堂散记·方脉治验录》说："发为血之余，热伤血，故发落。"木郁则土不健运，从而湿聚中焦，湿与热结，熏蒸肝胆，阻遏经气，弥障生发之机，故发易脱落。此案患者平素精神压力大，肝气郁遏；患者头皮痒，油脂分泌多，大便黏滞提示痰湿较重；气机不畅，痰湿郁而化热，故形成肝郁痰热之征象，治宜疏肝解郁，清化痰热。处以逍遥散合温胆汤加减。此方用逍遥散疏肝解郁、调畅气机，合温胆汤清化痰热，针对病机治疗。加制何首乌补益精血，促进头发生长，生麦芽疏肝健脾。二诊患者症状明显好转，先生加入滋阴补血、生津润燥之桑椹，意在肝肾同补。

（夏孟蛟，贾志超，鱼满宁）

2. 痹证

顾某，男，43 岁，已婚，2013 年 5 月 9 日初诊。

患者肩背强痛 3 周，自觉肩背处活动不利、酸楚，微有灼热感，昼轻夜甚。3 周前淋雨后出现上述症状，现汗出伴微恶风，口苦口干，纳差，小便黄，大便调。刻诊：患者肩背部皮肤微红，扪之渐觉烫手，余未查见异常，舌红苔微黄厚腻，脉滑稍数。

诊断：痹证。

辨证：痰瘀痹阻经络。

治法：化痰祛瘀通络。

处方：温胆汤合防己黄芪汤加味。

药物：枳实 15g，竹茹 15g，陈皮 12g，法半夏 12g，茯苓 20g，生姜 6g，防己 15g，生白术 15g，葛根 30g，秦艽 20g，桑枝 20g，姜黄 20g，细辛 9g，白芷 15g，羌活 15g，伸筋草 20g，建曲 12g，炒谷芽 15g。6 剂，水煎服。

2013 年 5 月 16 日二诊：患者肩背部不适感好转，仍觉稍有汗出恶风的症状，先生加入防风 15g，余方不变，继服 6 剂。后患者因他病求诊于先生，知其服药后诸症悉愈。

按语：《素问·痹论》中道："风寒湿三气杂至，合而为痹也。"五月由春入夏，冷热气候交替，尚未进入暑天，冷空气时有反复，可因着装不慎，外感风寒湿邪。此病案中，患者淋雨后出现肩背强痛症状，符合痹证的发病特点。治疗痹证，关键在于判断三个邪气孰重孰轻。回顾本案，患者湿邪郁遏表现最为突出，并有化热征象，如口干口苦、小便黄、舌红、脉数等。但热邪并不源于人体自身，而在于邪气的壅滞即湿邪郁而化热，邪热不重，所以治疗上不必刻意清热，应当温通邪浊，没有邪浊郁结自然也不会有化热之象。防己黄芪汤出自《金匮要略》，《金匮要略·痉湿暍病脉证》言："风湿，脉浮身重，汗出恶风者，防己黄芪汤主之。"先生常用此方治疗表虚不固之风湿证，意在益气健脾、祛风利水，以祛除痹证之因。温胆汤和胃利胆，走泻少阳三焦，辛开苦降、温凉并进，既针对外湿又能祛除内湿，且无寒热之偏虞。

"葛根、秦艽、桑枝、姜黄、细辛、白芷、羌活、伸筋草"为先生治疗肩背痹证之常用药物。其中葛根解肌退热、通经活络，秦艽祛风湿、清湿热、止痹痛，桑枝祛风湿、利关节，姜黄通经止痛，细辛、白芷、羌活解表散寒、祛风止痛兼能除湿，伸筋草祛风除湿、舒筋活络。此药对辛凉合用，共奏祛风散寒、除湿解热、舒筋活络之效。宋代陈承《本草别说》中有"细辛不过钱"之说，然先生用量为9g，剂量偏大，其原因有两点：一是通过合适的配伍，起到了增效减毒的作用；二是辨证有风寒之邪，正所谓"有病者，病受之"，使用细辛对证用药达到"病受之"的目的，故不必拘泥于古人之说。此外，现代很多医家的实践及研究也证实了"细辛不过钱"之说并非绝对。由此可见，医生在组方遣药的过程中需"胆欲大而心欲小，智欲圆而行欲方"。

二诊加入防风，合黄芪、白术即为玉屏风散，黄芪、白术联用既能益气固表止汗又兼以利水，用以治疗表虚不固、自汗恶风证。上两味加入防风疏散、防御风邪，同时防风能胜湿，有一定的除湿作用。故用防风以祛风除湿，防御外邪入侵。风邪祛除，腠理开泄有度，则恶风汗出症状缓解。

（贾志超，夏孟蛟）

3. 荨麻疹

王某，男，24岁，未婚。2015年8月10日初诊。

自觉皮肤瘙痒3个月，瘙痒部位有阵发性大小不同的红色风团，风团时多时少。患者曾就诊于西医，诊断为"慢性荨麻疹"，未能找到确切病因，且治疗效果不佳，反复发作。现患者口苦，寐差，易情绪激动，偶有胁痛，纳可，小便短赤，大便干。刻诊：患者皮肤周围散在抓挠痕迹，舌边红苔黄腻，脉滑数。

诊断：荨麻疹。

辨证：肝胆湿热。

治法：清利肝胆湿热。

处方：龙胆泻肝汤加味。

药物：龙胆草15g，栀子15g，黄芩15g，木通15g，泽泻15g，车前子15g，柴胡15g，生甘草6g，当归15g，生地黄15g，荆芥15g，蛇床子15g，木通15g，淡竹叶15g，苦参15g，建曲12g，炒谷芽15g。6剂，水煎服。

2015年8月17日二诊：患者荨麻疹发作频率减少，口苦、眠差、胁痛症状好转，大便稍偏稀，舌边红苔薄黄腻，脉滑。先生改用温胆汤加味治疗：

竹茹15g，枳实15g，法半夏12g，陈皮12g，茯苓20g，生甘草6g，荆芥15g，蛇床子15g，木通15g，淡竹叶15g，苦参15g，建曲12g，炒谷芽15g。6剂，水煎服。

2015年8月24日三诊：患者诉上周荨麻疹未再发作，二便正常，先生嘱服玉屏风散善后。

按语：根据慢性荨麻疹的病变部位和主要临床特点，将其归属于中医学"瘾疹"范畴。《三因极一病证方论·瘾疹证治》曰："世医论瘾疹……内则察其脏腑虚实，外则分寒暑风湿，随证调之，无不愈。"此例患者为肝胆少阳枢机不利，内生湿热而发。湿性重浊，发病缠绵难愈，与热邪相结，外犯皮毛，则皮肤瘙痒，风团时作；湿郁化火，上炎则口干口苦，夜寐不安，烦躁易怒；湿热循经则两胁胀痛；湿热下注则小便短赤。故用龙胆泻肝汤清泻肝火、清利湿热。龙胆草苦寒，既善于清肝胆的实火，又善于清下焦湿热；黄芩、栀子、泽泻、木通、车前子清热利湿，分清降浊；生地黄清热凉血又养阴，针对热邪日久灼伤阴液，同时又防止全方过于清燥；当归养血活血，使全方凉而不郁；柴胡通调少阳气机。

荆芥、蛇床子、木通、淡竹叶、苦参为先生治疗皮肤瘙痒症状的常用药。其中荆芥解表散风、透疹、消疮，蛇床子燥湿祛风、杀虫止痒，苦参清热燥湿、杀虫、利尿，此三味药均有止痒杀虫之功，同时兼疏风燥湿之效，作用于肌表，针对皮肤瘙痒症状进行治疗。木通、淡竹叶为何运用在此药对中？原因在于皮肤瘙痒多会导致心情烦躁，木通、淡竹叶清心除烦，同时兼具利尿通淋之效，合上方之生地黄、甘草有导赤散之意，从而针对小便短赤的症状。建曲、炒谷芽顾护脾胃。

二诊患者大便偏稀，恐是龙胆泻肝汤过于苦寒伤及脾胃，故将龙胆泻肝汤易为温胆汤，用辛凉并进之平和方剂通调三焦水道，再合以上药对杀虫止痒，以收病瘥之效；三诊患者病情大为改善，予玉屏风散固护腠理以恢复正气，防止疾病再次发生。

（贾志超，鱼潇宁）

4. 腰痛

李某，男，57岁，已婚。2012年2月20日初诊。

患者腰部隐痛3个月，自觉痛时腰部发冷、沉困，受凉或遇阴雨天疼痛加剧，前医诊断为"腰椎间盘突出症"，经针灸等治疗后未见明显好转。现患者时有腰部酸软无力，喜温喜按，伴少腹拘急，畏寒肢冷，纳可，大便溏，小便不利。刻诊：患者腰部未见明显异常，舌淡苔薄白腻，脉滑。

诊断：腰痛。

辨证：阳虚水停。

治法：温阳利水。

处方：真武汤合金匮肾气丸加味。

药物：白附片15g^{（先煎）}，茯苓20g，炒白术12g，白芍15g，生姜6g，山药15g，山茱萸15g，泽泻15g，牡丹皮15g，熟地黄15g，桂枝15g，独活20g，桑寄生20g，续断20g，怀牛膝20g，豨莶草15g，海桐皮15g，狗脊15g，杜仲20g。12剂，水煎服。

2012年3月5日二诊：患者腰部不适感、小便不利好转，仍稍感畏寒，便溏，去狗脊、杜仲，其他药物不变，水煎服，继服6剂。

2012年3月12日三诊：患者腰部症状已基本消失，因便溏求诊于先生。

按语： 腰痛病因有外感、内伤及外伤之分。《诸病源候论·腰背病诸候》认为"肾经虚，风冷乘之"，"劳损于肾，动伤经络，又为风冷所侵，血气击搏，故腰痛也"。腰为肾之府，腰痛发生多与肾脏及经脉相关。此案中患者素体肾阳不足，寒湿之邪趁机侵袭，内外相互影响，筋脉痹阻，发生腰痛，故出现畏寒肢冷、喜温喜按等一系列寒象。治疗上当以温肾舒筋、除湿缓急为主。

真武汤、金匮肾气丸均为医圣张仲景之方。其中真武汤出自《伤寒论》，先生认为真武汤主治阳虚水泛证。由于水湿能内停或泛滥于内外上下，导致临床症状多种多样，故真武汤临床运用范围广泛。水湿泛滥于腰府，脾阳虚弱，阴寒内停，寒性收引凝滞，筋脉拘急，则导致腰痛，故用真武汤温阳利水：其中重用茯苓，利下焦水湿；白芍与附子等量，一是制约附子辛燥之性，二是白芍本身有利水之功，三是增强其缓急止痛之效。肾气丸出自《金匮要略》，用其补肾助阳，少火生气，《杂病源流犀烛·腰痛病源流》指出："腰痛，精气虚而邪客病也。"所以先生通过金匮肾气丸治疗腰痛之本。

独活、桑寄生、续断、怀牛膝、豨莶草、海桐皮、狗脊、杜仲为先生治疗腰痛之常用药对，此系独活寄生汤加减而来。其中：独活祛风除湿、通痹止痛，并长于走下半身；桑寄生祛风湿、补肝肾、强筋骨；续断补肝肾、强筋骨、续折伤；怀牛膝补肝肾、强筋骨，作用驱下；豨莶草祛风湿、利关节；海桐皮祛风湿、通经络、止痛；狗脊祛风湿、补肝肾、强腰膝；杜仲补肝肾、强筋骨。诸药合用，共奏祛风除湿、补益肝肾、强健筋骨、舒经活络之功。此药对着重补益肝肾、祛风除湿。由此可见，先生在腰痛的治疗上特别强调乙癸同源，肝肾同补。

（贾志超，鱼满宁）

5. 痰核

欧某，男，53岁，已婚。2018年7月7日初诊。

患者发现背部长有3个软包块两年余，平素喜食肥甘厚味。彩色B超检查显示：中上背皮下脂肪层回声略增强，可见3个稍强回声结节，最大约14mm×8mm×16mm，最小6mm×4mm×8mm，边界清晰，内未见明显血流信号。刻诊：患者体胖，背部皮下3个质软包块，大者如一元硬币大小，小者如绿豆大小，按之不痛。舌体偏胖，舌质红，苔白微腻，脉弦滑。

诊断：痰核。

辨证：痰湿困脾，痰凝气滞，瘀血内停。

治法：化痰软坚散结为主，辅以活血祛瘀。

处方：温胆汤加味。

药物：法半夏15g，陈皮12g，茯苓20g，竹茹15g，枳实15g，白芥子15g，浙贝母15g，海蛤壳15g^{（先煎）}，瓦楞子15g^{（先煎）}，海藻20g，昆布20g，莪术15g，

夏枯草 20g，连翘 20g，三棱 12g。12 剂，水煎服。

2018 年 7 月 28 日二诊：患者自觉背部包块变软。效不更方，继续服用，原方改白芥子 20g，夏枯草 15g，连翘 15g，16 剂，服法同前。

2018 年 8 月 18 日三诊：患者自觉背部包块变小。拟下方：

法半夏 12g，陈皮 15g，茯苓 20g，竹茹 15g，枳实 15g，白芥子 20g，浙贝母 15g，海蛤壳 20g（先煎），瓦楞子 20g（先煎），海藻 20g，昆布 20g，莪术 15g，夏枯草 15g，连翘 15g，三棱 12g。16 剂，服法同前。

患者坚持服药 3 个月。3 个月后复查彩色 B 超显示：背部皮下脂肪层回声稍增强，可见约 3mm×3mm×4mm 稍强回声结节，嘱继续服药 1 个月。患者又服用 1 个月后复查彩色 B 超显示：未见确切囊实性回声团，未见确切异常血流信号。患者自觉包块消失。

按语：先生强调，痰凝郁结是痰核形成的关键病机。古人有"怪病多痰""痰为百病之母"等说法。痰浊凝滞可以直接导致痰核形成、发展，又可使体内津液气血代谢失调，导致气滞血瘀等，加重病情。

故化痰软坚散结为其有效治法，痰瘀凝聚，法当化痰，兼以祛瘀。先生常以温胆汤为主方加减治疗，此方纯以二陈、竹茹、枳实和胃豁痰、破气开郁之品，内中并无温胆之药，而以温胆名方者，亦以胆为甲木，常欲其得春气温和之意耳。可见，温胆汤善治痰，其根在胆胃。胃纳水谷，清浊混杂，必得胆气升发，清阳一升，脾为胃转输津液，浊阴则降。反之，六腑不通，十二官危已。正如《素问·六节藏象论》所云："凡十一脏，取决于胆也。"即指胆气的升发疏泄对五脏六腑、气血津液均有调节作用。《金匮要略》云："病痰饮者，当以温药和之。"临床上看，脂肪瘤患者多他症或多脾胃不和。温胆汤全方较为平和。法半夏和胃降逆止呕、燥湿化痰；竹茹降逆止呕、化痰清热、开胃郁、清肺燥、除心烦；枳壳行气破积、开胃泄热、除泄三焦痰饮；生姜降逆和胃止呕、行散水气，兼制约半夏之毒；茯苓健脾渗湿；甘草缓急和胃、调和诸药；陈皮理气化痰、消滞降逆开胃；大枣调和脾胃。陈皮、法半夏、生姜偏于温性，温阳而涤痰化饮；枳实、竹茹偏于凉性，清热化痰、行气开郁。所以全方温凉兼施，补泻并用，祛邪不伤正，药性不温不燥，以和为主，有理气化痰、调和胆胃之效，符合"温药和之"之意。方中海藻、昆布具有消痰软坚之功；白芥子能祛经络之痰，且能利气散结；

浙贝母味苦，性寒，归肺、心经，具有清热化痰、降气止咳、散结消肿的功效，二者寒温并调，辛开苦降，相得益彰，且增强了化痰散结之功效。三棱、莪术活血祛瘀，使瘀去痰消。海蛤壳、瓦楞子化痰散结，且质重下趋，有利于痰湿从下焦而去。

《外科正宗》曰："脾主肌肉，郁结伤脾，肌肉消薄，土气不行，逆于肉里而为肿曰肉瘤。"其指出本病由于肝郁脾弱，脾失健运，痰湿内生，以致凝滞成痰，积久成瘤，蕴于肌肉皮下。故从肝脾论治，化痰软坚散结，以从其本。临床所见，痰核患者尤以形体肥胖者居多，正所谓肥人多痰。故二诊加大白芥子用量，理气化痰，通络止痛，善治"皮里膜外之痰"。三诊患者诸症减轻，进一步加强海蛤壳、瓦楞子化痰散结的作用，使痰核消散。方中活血化瘀与化痰药物配伍应用治疗痰核，增强了消肿散结作用，使痰核缩小或消失，再者瘀去有利于痰消，痰消有利于瘀去，二者相辅相成。

（张晓丹，高翔）

（五）男科疾病

1. 不育

陈某，男，33 岁，已婚。2011 年 6 月 3 日初诊。

患者结婚 3 年无子嗣。由于求子心切，夫妻二人遂于医院检查，配偶 29 岁，查无异常。陈先生精液检查报告示：精液量 2.4mL，精子密度 31.24×10^6/mL，精子总活力 18.24%，前向运动精子（PR）10.61%，非前向运动精子（NP）7.63%（正常值：精液量 ≥ 1.5mL，精子密度 ≥ 15×10^6/mL，精子总活力 ≥ 40%，PR ≥ 32%）。患者为会计，平素工作压力大，余无特殊不适。刻诊：舌淡红苔薄白，脉略弦。

诊断：男性不育。

辨证：肝郁肾虚，络脉瘀阻。

治法：疏肝健脾，通络补肾。

处方：逍遥散加味。

药物：柴胡 15g，白芍 15g，当归 12g，茯苓 20g，炒白术 15g，甘草 3g，生姜 3g，薄荷 12g，蜈蚣 1 条（焙干研末分冲），菟丝子 15g，杜仲 15g。24 剂，水煎服。

并嘱患者调畅情志，疏解压力。

2011年8月3日二诊：同一医院精液检查报告示精液量2.3mL，精子密度35.64×10⁶/mL，精子总活力32.54%，前向运动精子（PR）22.11%，非前向运动精子（NP）10.43%。检查提示患者精液情况较之前大有好转。先生告知患者每周4剂继续服用上方，每个月定期检查一次精子质量。半年后，夫妇俩因求安胎之法再次前来就诊。

按语： 此病西医学称为弱精症，中医称为不育，病因病机可归纳为先天禀赋不足、情志所伤、饮食不节等。随着社会的发展，此病最关键的原因在于生活方式的改变和环境污染。临床所见患者大多有长时间伏案工作，或缺乏运动，或工作生活压力大，或熬夜、饮酒等生活史。先生认为，弱精症与肝、脾、肾三脏关系最为密切。首先脾主运化，为后天之本，精子的生成是先天禀赋与后天充养共同的结果，脾胃健运则后天化生之力充沛，有利于精子的生成；肝主升发、主疏泄，肝的升发之性不足则影响精子的生机和活力，情志抑郁，肝的疏泄失调则影响精子的正常排泄；肾为先天之本，主藏精，肾精不足一方面影响精子质量，另一方面会导致精子施泄异常。先生在治疗弱精症引起的男性不育时，强调从肝、脾、肾三脏入手，调理气、血、津、精、神。

逍遥散出自《太平惠民和剂局方》。本方既有柴胡疏肝解郁，又有当归、白芍养血柔肝。当归辛温之性可以行气，味甘可以缓急，是肝郁血虚之要药。白术、茯苓健脾祛湿，使运化有权，气血生化有源。炙甘草益气补中、缓肝之急，虽为佐使之品，却有襄赞之功。生姜经过炮制，温胃和中之力益专。薄荷少许，助柴胡疏肝郁而生之热。如此配伍既补肝体，又助肝用，体用并调，气血兼顾，肝脾并治。先生认为，通过药物配伍的运用和药物剂量的调整可以将逍遥散的治疗范围大大扩展，凡人体之气、血、精、津、神的失调都可用此方来化裁治疗，尤其在调理人体肝、脾、肾三脏方面。本方中，每剂药配蜈蚣1条，取其辛温入肝、通络散结之功；再加入菟丝子、杜仲填补肾精。诸药相合，既治疗不育，又兼顾改善患者精神压力大的状况，通过改变其不良生活状态，在一定程度上消除了不育的病因。

先生合理用逍遥散加减，通过药物配伍和药物剂量的控制将逍遥散的运用范围扩大至各种气、血、精、津、神的失调；注重蜈蚣等虫类药物的运用；把握肝、脾、肾三脏同调，坚持疏肝、健脾、填精灵活运用又各有侧重的原则，临证取得了良好疗效，其方药配伍规律值得临床学习和借鉴。

（贾志超，夏孟蛟）

2. 勃起功能障碍

刘某，男，42岁，已婚。2016年1月9日初诊。

患者自诉5年前无明显诱因逐渐出现阴茎勃起不坚，偶可纳入，纳入后不足1分钟射精，射精无力，无快感，有时不可维持至性生活结束，不射精，偶有晨勃，伴会阴部及阴囊潮湿，腰背部酸胀，胁肋胀闷，无尿频、尿急、尿痛，无小腹、阴茎、睾丸疼痛，无尿道异常分泌物。曾多方求医，给予口服药物治疗（具体药物剂量不详），症状时轻时重，一直未愈，劳累或情志抑郁时上述症状加重。今为求进一步诊治，遂来我院就诊。现患者神清，精神可，纳眠可，二便调。舌质淡苔黄腻，脉沉弦。辅助检查：前列腺液常规示卵磷脂小体（+++/HP），WBC（-/HP），脓细胞（-/HP）。

诊断：阳痿。

证型：肝郁湿热，兼夹肾虚。

治法：疏肝益肾，清热利湿。

处方：肾气丸合逍遥散加减。

药物：熟地黄15g，山药15g，泽泻15g，茯苓15g，牡丹皮15g，山茱萸15g，桂枝15g，黄柏20g，柴胡10g，羌活10g，麻黄根20g，炒白术15g，炒白芍15g，鹿角霜20g，巴戟天15g。7剂，水煎服，每日1剂，200mL，1日3次。

2016年1月17日二诊：服上方7剂后，阴囊潮湿明显好转，阴茎勃起较前有所改善，晨勃次数较前增加，性生活时可纳入，但易疲软，射精快，无力，精液自行流出。现勃起不坚，射精快，无力，胁肋胀闷，纳眠可，舌质淡苔薄黄，脉沉弦。据目前证候，证属肝气渐疏，湿热渐化，肾虚渐复之象。上方加肉苁蓉20g，7剂，服法同前。

2016年1月24日三诊：服上方7剂后，已无阴囊潮湿，阴茎勃起较前好转，晨勃次数增加，纳入后可维持，性生活2次/周，射精快，无力，胁肋胀闷较前有所改善。现勃起不坚，射精快，无力，胁肋胀闷，纳眠可，舌淡红苔薄白，脉弦细。上方去麻黄根、黄柏、羌活、鹿角霜，加龙骨、牡蛎各20g，金樱子20g

以安神固精。

2016年1月31日四诊：服上方7剂后，胁肋胀闷已无，阴茎勃起较前明显好转，晨勃次数增加，纳入后可维持，性生活2次/周，射精时间较前延长，约2分钟，有快感，纳眠可，二便调，舌淡红苔薄白，脉弦。患者服上药后，阴茎勃起和性生活时间较前明显好转，余无特殊不适，可调补肝肾，以巩固疗效。继续以上方7剂，服法同前。

按语：勃起功能障碍是指阴茎持续不能达到或维持充分的勃起以获得满意的性生活，属中医学"阳痿"范畴。本病由于七情内伤、手淫或房劳过度、嗜食辛辣、喜烟酒、外伤手术等因素，致肝气郁结、肾精不足、下焦湿热、痰瘀阻络，进而引起宗筋痿弱不用，以致临房不举或不坚，不能完成正常房事。治疗上，或疏肝解郁，或补肾健脾，或清利湿热，或活血化瘀。

根据证候变化辨证立法。初诊，患者阴茎勃起不坚，偶可纳入，纳入后不足1分钟射精，射精无力，无快感，有时不可维持至性生活结束，不射精，伴会阴部及阴囊潮湿，腰背部酸胀，胁肋胀闷，辨证为肝郁湿热，兼夹肾虚，诚如《素问·厥论》所云："前阴者，宗筋之所聚。"《素问·痿论》说："筋痿者，生于肝，使内也。"《素问·调经论》说："病在筋，调之筋。"又如《类证治裁·阳痿》所说："亦有湿热下注，宗筋弛纵阳痿者。"故治以疏肝益肾、清热利湿，方选肾气丸合逍遥散加减为宜。方中柴胡疏肝解郁；川芎行气活血，助柴胡以解肝经之郁滞，增其行气止痛之功；白芍养血柔肝；炒白术健脾以绝生湿之源；熟地黄滋阴补肾；山药、山茱萸补肝脾而益精血；泽泻、茯苓利水渗湿；牡丹皮清泻肝火；桂枝温阳化气；黄柏清热除湿；麻黄根收敛止汗；鹿角霜温肾助阳。诸药合用，达疏肝益肾、清热利湿之效。二诊，患者阴囊潮湿明显好转，胁肋胀闷较前好转，阴茎勃起较前有所改善，晨勃次数较前增加，性生活时可纳入，但易疲软，射精快，无力，精液自行流出。服药有效，说明对证尚可，患者现湿热渐化，唯肾虚之象渐显，故加肉苁蓉增补益肾气之力。三诊，患者已无阴囊潮湿，阴茎勃起较前好转，晨勃次数增加，纳入后可维持，性生活2次/周，射精快，无力，胁肋胀闷较前有所改善。现勃起不坚，射精快，无力，胁肋胀闷，纳眠可，舌淡红苔薄白，脉弦细，此为肾气亏虚，心神失敛，故去辛燥之黄柏、羌活、鹿角霜，加入龙骨、牡蛎、金樱子固摄肾气。四诊，诸症皆去，继以上方而善后。

　　传统认为，阳痿多为虚证，为肾虚，为肾阳虚，治疗以温补肾阳为主法、主方、主药。诚然，温肾壮阳药不失为治疗肾阳虚阳痿的对症良药，但如不加辨证，盲目壮阳，往往适得其反。清·韩善征早就说过"由于阳虚者少，因于阴虚者多"，"真阳伤者固有，而真阴伤者实多，何得谓阳痿是真火衰乎"？故临证时切莫一见阳痿，便妄投壮阳之品，而应整体辨证，审证求因，审因求治，知常达变，切忌用药偏颇。

（高翔，张晓丹）

二、医话

（一）"中和思想"对肿瘤治疗的启示

　　先生强调肿瘤发生的关键病机一为机体不和，一为痰浊、瘀血阻滞。机体平衡失调，经络气机运行受阻，津液不能正常输布，郁而化热，热灼津液，煎熬为痰，痰随气升，无处不到，流窜到各处结成无名肿物；日久有形之血不得畅行，凝结于内，瘀而不化，则为结块。

　　就肿瘤治则治法而言，先生根据肿瘤的病机总结出中和法，即"平调阴阳，和其不和"。先生认为，具体治疗方案的制订应着眼于正邪双方力量的对比及不同阶段患者生命活动的总体水平，同时综合考虑精神、生活、环境等因素对患者的影响；以控制肿瘤生长扩散为目的，以调理脏腑功能，排除痰、瘀等病理产物为手段。因此，先生强调治疗肿瘤要避免两种固化思维：辨癌不辨证，盲目运用抗癌中药；长期大剂量应用峻烈攻逐药物，消除肿瘤细胞。

　　这种根治性的治疗思路容易导致过度治疗，《素问·六元正纪大论》云："大积大聚，其可犯也，衰其大半而止，过则死。"长期峻猛攻伐，会给本就正虚的机体增加更大负担，结果徒伤正气，影响人体抗病功能，甚至导致机体免疫系统崩溃与生存质量低下；即使在肿瘤早期，剧破峻攻也会加剧正气的耗损，甚至"助邪为虐"。在此前提下，先生提出应从自然观的角度反思肿瘤研究思路与治疗手段，"带瘤生存"并不意味着肿瘤治疗的让步或无能，"平调阴阳，与癌共存"可能是未来治疗肿瘤的新思路。

　　在抗肿瘤复发转移方面，先生强调，对导致肿瘤复发转移"伏邪"的认识有两个关键点：一是脾胃正气之虚；二是痰瘀阻滞之实。肾阳属火，脾属土，肾阳的温煦能助脾之健运，令人正气充沛、生命动力不竭。而肿瘤患者早期治疗常以手术为主，手术损伤人体气血，术后多见气血两虚证；或以放疗、化疗抗肿瘤损伤脾肾功能，表现为脾胃失调、脾肾并损、气血两亏证。痰瘀既是肿瘤形成的原因，又是复发转移的关键。脾胃通降转运失司，可导致气机郁滞，饮食不化；肾纳气主水失司，可导致水液代谢障碍，水液停聚。气不推动血行，则阻滞化瘀；水液停聚不前，则阻滞成痰。

据此，先生临证治疗肿瘤复发转移，以补益脾肾为大法、以祛痰化瘀为关键、以扶助正气为目的，扶正祛邪，和其不和，通过调补脾肾可益气生血、滋养津液，保存真阴真阳。

如术前，先生予以益气健脾、温补肾阳法，以提高手术的切除率及改善患者的营养状况，更有利于手术的进行；术后，患者因手术耗气伤血，使机体脏腑功能失调，或脾胃功能紊乱，或营卫失和等，以益气健脾温肾中药进行配合治疗，有利于提高机体免疫系统的防卫能力，控制残余癌细胞的活动，预防肿瘤的复发和转移，促使机体尽早康复。放疗和化疗期间，以调理脾肾来鼓动气机，恢复脾胃化生气血、运化水谷、升清降浊；肾藏精主水，纳气封藏，保护机体的免疫功能和抗病能力，有减毒增效之功。放疗耗伤气血与津液，注意益气健脾配合滋养肾阴；化疗损伤脾肾而且消铄气血，易导致津凝成痰，血阻化瘀，因此更应调理脾肾。先生强调，在肿瘤治疗各个阶段均应顾护脾肾功能，在保证脾肾健运协调的基础上辨证论治，切不可盲目照搬西医杀伤肿瘤的观念，一味以清热解毒、杀伐攻逐治疗。

在肿瘤放疗、化疗方面，先生指出：在肿瘤患者的放疗、化疗期间加用中药，不仅可减轻毒副作用，使疗效进一步提高，还可增加肿瘤对药物的敏感性。放疗、化疗药物属于"毒药"范畴，可因其毒性而使机体受损，表现出脾胃虚弱、气血不足、阴阳失衡等。放疗、化疗的副作用可因药物不同、患者体质差异而表现不一，故临床应多根据患者所出现的证候群进行辨证施治。

从整体角度讲，癌症是本虚标实的表现，化疗药作为一种"邪毒"，在治疗恶性肿瘤的同时，不仅加重了瘀毒互结的病理过程，而且加重了热毒内蕴的症状，并成为加重脾肾亏损的重要原因。据此，先生提出，针对肿瘤化疗的增效减毒应用补气血，调整和改善脏器生理功能，提高机体免疫力的方式。总的治疗原则为在扶正培本法的基础上配合清热解毒、活血化瘀类中药等。针对化疗所产生的消化道副作用，常以健脾理气、化湿和胃、降逆止呕等治法，选用莲米、莱菔子、建曲、谷芽等药物配伍提高化疗完成率，降低化疗毒副作用发生率。使用化疗药的同时可酌加具有抗肿瘤作用而毒性反应小的中药以抑制体内残留癌细胞的生长，既能协同化疗的抗癌作用，又减少了化疗的副作用，如白花蛇舌草、夏枯草、半枝莲等。

放疗是治疗肿瘤的另一主要手段，但其对机体的毒副作用较化疗药物有过之而无不及，尤其是骨髓抑制，常使患者难以忍受。由于放射线的辐射电离破坏对肿瘤细胞与正常组织细胞无选择性，可引起一系列全身和局部毒副作用。除一些病例因毒副作用大而中止放疗外，部分病例常被迫延长放疗时间。而放疗全程时间长短对疗效有明显影响，疗程延长是肿瘤复发转移的重要原因。如何减毒增效、提高疗效是目前恶性肿瘤综合治疗研究的一个重要问题，临证中，先生对此颇有心得。放疗后机体诸症乃射线为热毒之邪所致，即实火过盛，毒邪内蕴，气血不和，瘀热壅盛，伤阴耗气，致使气血损伤、脾胃失调、肝肾亏损等，因此要在辨证准确的基础上运用补气养血、养阴生津、清热化痰、活血化瘀，酌以清热解毒、活血化痰、理气通络疗法为主的综合治疗。

（二）小议中焦脾胃病的论治

脾胃作为一个系统，由脾、胃、大肠、小肠、肌肉、唇口及所属经脉组成，《素问·灵兰秘典论》云："脾胃者，仓廪之官，五味出焉。大肠者，传道之官，变化出焉。小肠者，受盛之官，化物出焉……"故中医学的脾胃包括西医消化系统的生理功能。脾胃同居中焦，具有腐熟、运化水谷，化生精微，生成气血，维持人体生命活动的功能，为气血生化之源、后天之本。随着人们物质生活水平的提高，饮食不节，冷热不匀，或服用不洁之物，均会引起脾胃功能紊乱。此外，外感六淫、他脏传变等病因亦常有之。脾胃损伤，则运纳升降功能异常，即会产生吐、泻、滞、胀、痛等症状。李杲在《脾胃论》中说"人以胃气为本"，强调了脾胃在人体生理、病理中的重要地位。先生在疾病的治疗中亦尤其重视脾胃，且对于脾胃系疾病的治疗有着独到的见解和经验。

1. 肝脾同治

先生认为肝和脾在生理关系上相互联系。肝主疏泄，帮助脾胃运化；脾胃运化水谷精气成为气血津液，又要养肝，即木要疏土、土要荣木，这是一种生理上良性的循环。若上述平衡被打破，如肝失疏泄，脾胃运化失司，则会导致肝脾同病。在脾胃升降中，脾之升清有赖于肝之升发，肝之疏泄升发正常，才能鼓舞脾胃之气血，促进其运化水谷、水湿的能力。张仲景《金匮要略》中所言"见肝之病，知肝传脾，当先实脾"即是此理。故治疗上"平其亢厉之谓和"，必须双管齐下，才能达到治疗效果。

治疗方剂上，先生善用六君子汤加柴胡、白芍。该方益气与理气同在，健脾与疏肝共存。脾胃者，气机升降之枢纽也；肝者，调畅气机之脏腑也。通过半夏主降，柴胡主升，配伍陈皮理气，使气机升降出入得以恢复，双管齐下，达到肝脾同治的目的。

2. 以通为用

张从正在《儒门事亲·推原补法利害非轻说》中道："君子贵流不贵滞，贵平不贵强。"脾胃位居中焦，为气机升降之枢纽。气机者，气之升降出入聚散等运动之形式也；枢纽者，万物相互联系之中心环节也。故脾胃的功能贵在运动、流通。朱震亨《格致余论》言："脾是坤静之德，而有乾健之运，故能使心肺之阳降，肾肝之阴升，而成天地交泰，是为无病之人。"因此脾对各脏腑间气机的协调运动有着枢纽作用。正所谓户枢不蠹、流水不腐，既然脾胃为枢纽，必当以通为用。

《素问·阴阳应象大论》言："清气在下，则生飧泄；浊气在上，则生腹胀。"气机逆乱是脾胃病发生的关键所在，脾胃升降功能正常，气机才能通利自如，人体的消化功能才能维持正常水平。因此，先生在治疗脾胃病上常用建曲、炒谷芽、炒莱菔子、佛手、厚朴药对。此药对除消食健脾之建曲、炒谷芽外，还配伍莱菔子、佛手、厚朴等理气之品，理气范围不只在脾、胃，还包括了肺、肝二脏，以及大肠、小肠同属脾胃系的六腑。可见，先生立足于脾胃，通畅全身气机，以求取得良好疗效。

3. 以平为期

清代吴鞠通提出"治中焦如衡，非平不安"，强调治疗中焦脾胃疾病时，要注意邪气与正气之间的关系和邪气与邪气之间的关系。先生指出中焦脾胃乃后天之本，在攻伐的时候不可伤及正气，以免影响水谷精微的吸收运化；脾喜燥恶湿，胃喜润恶燥，脾升而胃降，二者相辅相成，故在治疗上要权衡湿与燥之间的关系。由于脾胃脏腑具有多个相反相成的体用属性及功能差异，容易产生升降、纳运失常或燥湿、寒热、虚实等病机变化，所以针对脾胃病的复杂病机而采用的常见治则有升降相因、调整阴阳、刚柔相济、气血并调、寒热并用、虚实兼顾、通补兼施等，这些法则均是以恢复中焦脾胃功能为最终目的。故在治疗脾胃病上更应准确辨证，恢复脾胃功能，以"平"为期。

　　蜀中之地，山川包围，河流环绕，四季日射时间较少，导致蜀地湿气尤甚，再加上脾喜燥恶湿，故湿困中焦疾病尤为常见。湿者，与寒热均能结合而发病，故应分清寒湿或湿热的具体性质，有针对性地施治：寒湿困脾，应运脾除湿，用如平胃散、二陈汤等方剂；中焦湿热，应清热除湿，根据湿热的偏重及所处部位，常选用清胃散、芍药汤、甘露消毒丹、三仁汤等方剂；脾虚水泛，应实脾利水，如实脾饮、参苓白术散等方剂。若湿酿液成痰，则先生常在温胆汤基础上化裁加减。由此可见中焦疾病辨证尤其关键，"以平为期"也充分体现出先生在理法思路上的"中和思想"。

（三）双向调节法在妇科疾病中的运用

　　《医宗金鉴·妇科心法要诀》云："男妇两科同一治，所异调经崩带症，嗣育胎前并产后，前阴乳疾不相同。"由于女性在解剖、生理功能上异于男子，其所患疾病亦有所不同。相较于西医学，中医妇科在调经、助孕、安胎、带下及产后调治上有其自身的特色。先生在诊治妇科病的过程中，形成双向调节治疗妇科疾病的思想，并取得了良好疗效。所谓双向调节法，就是合理地进行对立面的双向性纠正，这个对立面，既是相反相成，又是相辅相成的，是对立统一的关系。

1. 临证处方，重视气血

　　妇人经、带、胎、产，都有赖于气血的充盈，气与血互相依存、互相协调、互相为用，"气为血之帅，血为气之母"。只有相关经脉及脏腑气血充盈，才能下注于胞宫，作用于天癸，实现胞宫的行经、胎孕等生理功能。总之，月经为气血所化，妊娠需气血养胎，分娩靠血濡气推，产后则气血上化为乳汁以营养婴儿。

故女性的月经、带下、妊娠、产育都以血为本，以气为用。

先生在妇科病的治疗上十分重视气血。气能生血、气能行血、气能摄血，血生理功能的正常离不开气的作用；血能养气，血能载气，气的充盈与运行又离不开血的作用。在治疗上补气、补血、行气、活血常一并而用。《素问·调经论》云："人之所有者，血与气耳"，"血气不和，百病乃变化而生。"气血虽密不可分，但还是应分析病因病机，准确辨证，选择合适的处方：若气虚引起的血液生成不足，可使用当归补血汤类；若气虚引起血液丢失过多，可使用归脾丸类；若气滞或气虚引起的血瘀，可使用四物汤、血府逐瘀汤类；若血虚引起血不养气造成气虚，可使用八珍汤类；若血虚过多导致气大量丢失，可使用独参汤类等。总之，唯有经过仔细辨证，抓住气血失衡之因，方能取得良好疗效。

2. 调肝为先，兼顾脾肾

肝藏血，主疏泄，能够储存和调节血液，故肝脏能直接参与月经周期的调节；肝肾同源，肾精由肝血所化生，肝血充沛亦需要肾精的滋养。肝主疏泄，肾主封藏，二者一开一阖，调节月事。脾为气血生化之源，为后天之本，与肾相互资生。女性与气血生化有关的月经、带下、妊娠等生理功能都有赖于先后天的充盈。

由此可见，肝、脾、肾对于女性生理、病理尤为重要。先生在妇科病的治疗上又尤其重视肝，乙癸同源，肝脾相克，肝自身病变可引起妇科疾病，同时还可波及脾肾，造成更为复杂的病机。故先生临床上注重调肝，常运用逍遥散加减。逍遥散针对肝郁血虚脾弱证，先生曾评价其体现了和法的"平其亢厉"，既补肝体为肝用，又兼顾了气血之平衡。由于现代女性生活压力大，极易造成肝气不舒而引发各种妇科疾病。因此逍遥散疏肝解郁之功十分对证。同时"见肝之病，知肝传脾"，逍遥散中有白术、茯苓、甘草健脾除湿。故先生常在逍遥散基础上加减以治疗各种妇科病，意在立足于肝，兼顾脾胃，再根据患者的实际情况加减补脾益肾之品。

3. 止消宁补，诸法合用

李时珍在《本草纲目》中云："女子，阴类也，以血为主，其血上应太阴，下应海潮，月有盈亏，潮有朝夕，月事一月一行，与之相符，故谓之月水、月信、月经。"女子行经、胎孕等都离不开血的充足与血液流通。血虚、血瘀、血热等是妇科常见证型。先生认为妇科病的病机具有矛盾性和双向性：一方面，寒、湿、痰、瘀、热可作为病因，导致虚和结；另一方面，瘀、热、痰等又可作为虚或结时出现的病理产物。故妇科疾病常虚实夹杂，治疗上尤为困难。

唐宗海在《血证论》中提出了"止血""消瘀""宁血""补血"四法为治疗血证的大法。先生常将此四法运用于妇科病的治疗上。"急则治其标，缓则治其本"，故大量出血性疾病，如月经过多、崩漏等，止血为第一要务，先生常配伍白茅根、艾叶、仙鹤草等止血；脉中血液空虚，血液运行受阻，或邪气、病理产物停聚脉中则成瘀血，可使用桃仁、红花、泽兰叶、川芎等活血化瘀；"宁血"之法在于"和"，辨证准确，合理处方，或泄热，或补虚，或祛湿等，消除疾病之因，使气血安和；针对虚证、疾病后期，可益气补血，如当归补血汤，亦可养阴补血，如加入阿胶、熟地黄等。由于妇科疾病病机相对复杂，故在治疗上要把握时机，合理运用上述诸法，方能取得病瘥之效。

（四）平调中州法在杂病中的运用

脾胃为后天之本，气血生化之源。先生在临证问诊中，无论何病，必问患者胃口如何，可见先生对于脾胃的重视。《素问·经脉别论》言："食气入胃，散精于肝，淫气于筋。食气入胃，浊气归心，淫精于脉……饮入于胃，游溢精气，上输于脾，脾气散精，上归于肺，通调水道，下输膀胱，水精四布，五经并行。"脾胃位于中焦，为"仓廪之官"，食物和水液代谢都有赖于脾胃的正常运转，而人体所需的气血津精正是水谷精微所化生，故其为"生化之源""五脏六腑之海"。金元时期，李杲提出"脾胃内伤，百病由生""元气之充足，皆由脾胃之气无所伤，而后能滋养元气""人以胃气为本""胃之所出气血者，经隧也，经隧者，五脏六腑之大络也"，强调了脾胃在生理病理上的重要地位。

人体后天基础物质的来源在脾胃，脾胃化生不足，则气血生化乏源，无以灌溉五脏六腑，后天不能养先天，就会导致先后天俱损。《素问·六微旨大论》道："出入废则神机化灭，升降息则气立孤危。故非出入则无以生长壮老已，非升降则无以生长化收藏。是以升降出入，无器不有。故器者，生化之宇也。"脾胃水谷纳运相得，气机升降相因，阴阳燥湿相济，则升降出入，循环往复，生生不息，化化无穷，不死不休。气是人体重要的组成部分，是维持人体生命活动的基本物质，气有推动、温煦、防御、气化、固摄、营养六大功能，气的功能发挥有赖于气机的畅达。所以，先生在治疗上尤其强调恢复气机。与气机相关的脏腑有脾胃、肺、肝与三焦。脾胃是气机升降的枢纽；肺主气，司呼吸、宣降；肝主疏泄，调畅气机；三焦是气运行的通道。所以在人体中维持脾胃升降、肝升肺降与三焦通调功能的正常尤其重要。

从病理上讲，脾胃无力运化，生成气血能力下降，气不足，无力推动，则会导致气滞、水停、瘀血，甚至形成结块、肿瘤，这些产物是导致多种疾病的病理基础。先生在临床上十分重视气机升降功能：气有余便是火，故需清；气不足即为虚，故需补；气升太过或气降不足，则需沉降；气降太过或气升不足，则要升提。此外，气机阻滞会引起各类病理产物的生成和堆积，故需通。所以各类疾病的产生势必会影响气机正常运行，在治疗上要因势利导，合理使用汗、吐、下等法，以达祛邪外出的目的。此外，先生除了重视气升降之枢纽脾胃、气运行之通道三焦外，还格外重视肝、肺关系，在临床上常使用逍遥散、柴胡疏肝散等调畅肝木；苏子降气汤、华盖散等恢复肺金宣降，从而维持肝升肺降的正常。

由此，先生提出"平调中州"之法治疗各种疾病，可谓"正气存内，邪不可干"，正气的产生离不开脾胃正常的生理功能，故在患者罹患他病的同时，顾护后天，恢复正气，防止邪气传变，消除病理产物，使气机正常升降出入，以期达到治疗效果。

（张晓丹，叶俏波，鱼潇宁）

三、药论

（一）与人参相恶或相反配伍的讨论

传统认为，有些药物与人参相配属于相恶的范畴，如人参恶莱菔子；有的药对配伍甚至属于相反的范畴，如"十八反"中有藜芦反人参，"十九畏"中有人参畏五灵脂。一般认为，相恶的配伍会使药物本身疗效降低，应避免在临床中使用，而相反中的"十八反""十九畏"则属于配伍禁忌。一些医家认为，反药同用会增强毒性，损害机体，例如《本草经集注》提出"相反则彼我交仇，必不宜合"。孙思邈也说："草石相反，使人迷乱，力甚刀剑。"但也有医家认为反药同用可起到相反相成、反抗夺积的效能。先生对人参与莱菔子、人参与五灵脂、人参与藜芦这三对相恶或相反的配伍有自己的见解。

1. 人参－莱菔子

历代医家有人参恶莱菔子一说。莱菔子味辛行散，具有消食除胀、降气化痰之功。因其行气除胀之力较强，《本草新编》谓其"多服则损气，久服则伤阴也"。人参大补元气，宜于气虚津亏者；莱菔子消食开气，宜于食滞气结者。人参为补气药，莱菔子为破气药，宜补气者不宜破气，宜破气者不宜补气。前人因恐莱菔子削减人参补虚之功，故认为人参与莱菔子不可同用。如《得配本草》亦称莱菔子"服补药者忌之"。

然二药相合却又有相反相成之妙。人参补气而易滞气，引起脘腹胀满时，配以莱菔子则能使之缓解。二者合用能补益脾肺，助降气化痰开通，补而不滞。清代医家陈士铎对二药合用大加推崇，《本草新编》曰："夫人参之除喘消胀，乃治虚喘虚胀也。虚证反现假实之象，人参遽然投之，直至其喘胀之所未能骤受，往往服之而愈喘愈服者有之。虽所增之喘胀，乃一时之假象，少顷自然平复，然终非治之之善。少加萝卜子以制人参，则喘胀不敢增，而反得消喘消胀之益，此所谓相制而相成也。"并谓："人参得萝卜子，其功更补。益人参补气，骤服气必难受，非止喘胀之症也，然得萝卜子，以行其补中之利气，则气平而易受。是萝卜子平气之有余，非损气之不足，实制人参以平其气，非制人参以伤其气也。"

先生谓人参补气兼升气，得生莱菔子开升之性相助，对气虚兼有郁滞者疗效更佳；得炒莱菔子开降之性相助，对正虚兼有上逆者，其功益彰。《景岳全书》引《和剂局方》人参豆蔻汤（人参、白豆蔻、白术、陈皮、半夏曲、藿香、丁香、厚朴、莱菔子、当归、甘草、石菖蒲），功能宽中顺气，主治噎膈。《傅青主女科》补中益气汤（人参、当归、白术、茯苓、川芎、白芍、莱菔子、木香）主治产后中风，气不足，微满，误服耗气药而胀者。人参与莱菔子相配均体现了补中有行，补而不滞。

2. 人参－五灵脂

"十九畏"歌诀曰：人参最怕五灵脂。人参与五灵脂乃配伍禁忌之一。《得配本草》谓五灵脂"恶人参，损人"。但古今亦有不少医家将人参与五灵脂合用，发现并无不良反应，五灵脂也不会抵消人参的扶正作用。五灵脂苦泄温通，专入肝经血分，善于活血化瘀止痛。《本草纲目》谓："此药能治血病，散血和血而止诸痛。"而出血之证，离经之血多瘀滞凝结，导致出血难止。《本草备要》谓五灵脂生用"血闭能通"，炒用"经多能止"。人参则长于补气，气能行血，与五灵脂合用有益气化瘀之功，补益而不滞血，活血而不伤正。《脉诀汇辨》记载治张某夫人一案，忧愤交承，食下辄噎，胸中隐痛，先与二陈加归尾、桃仁、郁金、五灵脂，症犹未衰，因思人参与五灵脂同剂善于溶血，即以前剂加入人参二钱，倍用五灵脂，再剂而血从大便出，十剂而噎止。故《本草备要》也说："四物汤加人参、五灵脂，是畏而不畏也。"

3. 人参－藜芦

人参与藜芦相配属于"十八反"的范畴。藜芦味苦、辛，性寒，有毒，功能涌吐风痰、清热解毒、杀虫。《儒门事亲》载"十八反歌"，谓："诸参辛芍叛藜芦。"明清时期的本草著作也多提到人参"反藜芦"，如《本草蒙筌》《得配本草》等。一般认为藜芦具有涌吐作用，且具大毒之性，会使人参补益之力减弱，有可能导致新的毒性产生，故忌讳配之。例如，《本草衍义补遗》记载二药合用功效会相互抵消，谓人参"与藜芦相反，若服一两参入芦一钱，其一两参虚费矣，戒之"。《药鉴》有云："人参……一见藜芦便杀人。"

藜芦首载于《神农本草经》，被列于下品，谓其"味辛，寒。主治蛊毒，咳逆，泻痢，肠澼，头疡，疥瘙，恶疮，杀诸虫毒，去死肌"。至唐代，医家主要将其用于皮肤科、疮科、伤科、杀虫及其他外科疾病的治疗，到宋代将其用于涌吐、祛痰的方剂中。然藜芦本身就不是一味常用药，与人参配伍使用的机会就更少。然而古代也有医家将人参与藜芦配伍使用的例子，如《千金翼方》太乙神隐冰丸治疗癥瘕积聚、《医方考》通顶散治疗偏正头痛等。

现代药理实验研究在一定程度上证实了人参与藜芦相反的可能性。有实验研究人参与藜芦配伍后人参皂苷类成分煎出量的变化，结果表明人参与藜芦配伍后人参皂苷的含量降低，并且随着藜芦配伍剂量的增加人参皂苷逐渐减少，但人参与藜芦水煎后的残渣中人参皂苷含量并没有因为藜芦加入量的增加而增加，提示人参反藜芦有一定的科学道理。

（二）附子反半夏及附子反瓜蒌见解

附子是中医临床的一味常用药，在危重病症和慢性疑难杂症的治疗中功效显著，但其毒副作用也被很多医家所畏惧。《中华人民共和国药典》（简称《中国药典》）收载了附子反半夏和瓜蒌一说，但实际上，古代及现代医家将附子、半夏同用的病案颇多，附子、瓜蒌同用记载的数量虽不似前者，但亦散在各类方书及病案中。先生收集了历代方书、本草及古今著名医家相关医案中运用附子与半夏、瓜蒌的论述，希望为理性、安全、有效地运用附子，在临床中最大限度地发挥其作用提供参考。

1. 附子 – 半夏

附子、半夏药对，在 2005 年版《中国药典》中属于中药"十八反"的配对，但矛盾的是，此药对历代医家多有应用。两者伍用最早见于《金匮要略》之附子粳米汤，原为治"腹中寒气，雷鸣切痛，胸胁逆满呕吐"而设。仲景治疗寒邪内阻，阴寒湿浊上犯，出现腹中雷鸣疼痛、胸胁逆满呕吐时，用炮附子一枚，附子乃大辛大热之品，可大补不足之元阳，散阴寒之气；用半夏半升，半夏味辛苦而性温，能辛开苦降、燥湿化浊、降逆和胃，助附子除阴寒湿浊之邪。两者相配，有相辅相成之意，可收温暖中焦、降逆和胃、散寒止痛之功。《金匮玉函经二注》云："故圣人以附子回阳，阳回而寒去矣，半夏散满，满散而呕吐止矣。"

后世医家应用半夏、附子配用的方剂亦颇多。如《备急千金要方》治"胸中痰饮结聚，脐下弦满，呕逆不得食"之大茯苓丸（茯苓、白术、当归、橘皮、附子、生姜、半夏、桂心、细辛）；《扁鹊心书》治"胃虚冷痰上攻，头目眩晕，眼晕呕吐"之附子半夏汤（附子、生姜、半夏、陈皮）；《圣济总录》治"伤寒咳嗽，头痛"之半夏汤（半夏、炮附子、款冬花、麻黄、炮姜）；《世医得效方》治"阳气衰微，风痰上扰，致患痰厥神昏，头晕语涩，手中搐搦"之大省风汤（川芎、半夏、防风、炙甘草、全蝎、炮附子、炮川乌、木香、南星）；《医学入门》治"胃冷生痰"之半附汤（生附子、半夏、生姜）等。附子及半夏均用生品者亦不少见，其中较著名的应用有以生附子、生半夏、生姜相配（三生饮）治痰眩（《赤水玄珠》）。后世不仅用治痰眩，更喜将其用于真中风危证。如《医学从众录》中载治真中风之"心绝""肝绝""脾绝""肾绝""肺绝"等虚极阳脱之证，以三生饮一两，加人参一两（另煎浓汁），调入灌之。以上所举医家，以半夏、附子相伍应用治疗各种急慢性疾病虽各不相同，但基本病机都有"寒"和"痰"的共性。

从本草源流出发，先生翻阅清代之前的本草著作，发现并无明言附子反半夏者。如《雷公炮制药性解》中，乌头项下言"反半夏、瓜蒌、贝母、白蔹、白及"，但附子只言"恶蜈蚣"。李时珍在《本草纲目》中不仅未收载附子反半夏之说，附子条下附方中还引载："胃冷有痰，脾弱呕吐。生附子、半夏各两钱，姜十片，水两盏，煎七分，空心温服。一方：并炮热，加木香五分。"而清代本草著作中，附子条下记载反半夏的有《本草从新》《本经逢原》和《本草备要》等。《本草从新》中只记载附子反半夏，而未提及草乌是否反半夏。《本经逢原》对所有相反药的记载极不一致，如川乌、附子只反半夏，草乌则未提及是否反半夏。且附子反半夏是否有确凿的临床案例，亦未见记载。《本草备要》亦类似，只在附子条下言反半夏，草乌条下则只字不提，对附子、川乌、草乌的分类亦没有《本草纲目》全面细致。现代药学毒理亦证实，姜半夏与制附子的单煎混合剂及混合煎剂与附子单煎剂相似，两药相配后没有出现毒性增强的现象。

2. 附子－瓜蒌

附子大辛大热，入心、脾、肾经，功能助阳补火。瓜蒌性味甘寒，归肺、胃、大肠经，功能清热化痰、宽胸散结、润肠通便。《本草思辨录》云："瓜蒌实之长，在导痰浊下行，故结胸胸痹，非此不治。"但附子与瓜蒌同用，在古代记载方剂中并未见用治胸痹者，而多用治久泻、脱肛、肠风下血、脓血不止等证属寒湿或虚寒者，且瓜蒌在方中的炮制方法均为"烧存性"，方如《太平惠民和剂局方》钓肠丸（附子、瓜蒌、刺猬皮、诃子、枳壳等）。

附子反瓜蒌的本草考证，与半夏一致，亦为清代始载。这可能也是清代少有记载附子与瓜蒌同用的方剂与病案的原因。后至近代，祝味菊吸取现代西方医学的知识，喜在用瓜蒌薤白白酒汤治胸痹时加附子。其认为瓜蒌薤白白酒汤宽胸理气之力强，若加附子振阳之品，其效更彰。此后，越来越多的医者将附子、瓜蒌同用，用治胸痹、胆结石、胃炎等证属痰湿停滞或痰瘀互结者。

（三）剂量对人参功效发挥的影响

对于多功效的单味中药来说，剂量特点不同，往往也会影响其功效发挥的方向。人参发挥补气固脱、补肾纳气功效时主要以中大剂量为主，特别是发挥大补元气作用时，与附子相配补气回阳救脱时还会用到超大剂量（＞100g）；发挥助正祛邪功效时剂量则相对较小；而发挥补气健脾、补气益肺、安神益智、补气生津、补气助阳、补气养血等功效时，剂量波动较大，大、中、小剂量间无明显差异。

人参乃补气固脱之第一品药。不管是元气大脱，还是阳气暴脱、气阴亡失之证，当以急固正气为先，用药须效专力宏，故人参非重用不为功。人参在补益肾气、纳气平喘的方中用量也相对较大。肾乃先天之本，位居下焦。吴鞠通在《温病条辨》中曾说："治下焦如权，非重不沉。"故人参须重用才有助于其下行。诚如陈士铎在《本草新编》所说："但肝、肾乃至阴之经，人参气味阳多于阴，少用则泛上，多用则沉下。故遇肝肾之病，必须多用之于补血补精之中，助山萸、熟地纯阴之药，使阴中有阳，反能生血生精之易也。"对肾阴不足兼有肾气虚弱的患者，人参也要重用，以其沉降之势防止虚火上冲。《本草新编》谓："至火率而阴虚者，人参断宜重用，肾中下寒之据，则龙雷之火不能下藏于至阴之中，势必直冲而上，至于咽喉，往往上热之极而下身反畏寒，两足如冰者有之。"

人参在发挥助正祛邪功效时用量则偏小，明清医家多用一二钱，或用一二分，甚或只提到用参少许。人参乃补气圣药，但又有甘温壅滞之性，少用则能扶助正气，鼓邪外出，防邪内传，多用则能壅滞邪气，有"闭门留寇"之弊。因此，喻嘉言在《寓意草》中论述扶正解表法时提到，人参用量要小，"三五七分，入表药中"，目的是"少助元气，以为祛邪为主，使邪气得药，一涌而去"。如果邪气深入，损伤正气，则须加大人参用量，以补益不足之正气。故陈士铎提出应根据邪气的深浅、正气的亏盈斟酌方中人参的用量，《本草新编》谓："当邪之初入也，宜少用参以为佐，及邪之深入也，宜多用参以为君，及邪之将去也，宜专用参以为主。斟酌于多寡之间，审量于先后之际，又何参之不可用，而邪之不可攻哉。"这在仲景方中也有体现，例如小柴胡汤乃和解少阳之正方，方中柴胡用量独大（原方用至八两），人参用量虽小于柴胡，但与黄芩、生姜等药同为三两，

在仲景用人参方中用量也不可谓小。故邹澍《本经疏证》说："新加白虎汤、加人
参汤、小柴胡汤、桂枝人参汤、半夏泻心汤、生姜泻心汤、吴茱萸汤、干姜黄芩
黄连人参汤、理中丸、竹叶石膏汤证，有表证而用人参三两甚者加至四两半；旋
覆花代赭石汤、黄连汤、炙甘草汤、附子汤用人参二两；柴胡加龙骨牡蛎汤及柴
胡桂枝汤，以小柴胡之半者，不论。其余皆虚多于邪，用之反少者，少用壅滞，
多用宣通之说，岂诚有所本耶？是殆不然，邪盛则开解药亦多，人参若少，则不
足以驾驭，此所以多也。"

　　人参发挥补气健脾、补气益肺、安神益智、补气生津、补气助阳、补气养血
等功效时剂量波动较大，大、中、小剂量组间无明显差异。分析其原因，应当与
以下因素有关。

　　（1）证候虚弱的程度及病程的新久。若虚证明显，人参用量则较大；若虚象
较轻，或虚不受补，则人参用量也相应较小。

　　（2）与其他药物的配伍关系，根据药物的性能特点调整人参与其他药物的相
对用量。例如，人参或党参、黄芪、白术、山药、熟地黄、山茱萸、鹿角胶、炙
甘草等，虽有补益作用，但易产生壅滞；又如川芎、枳实、当归、柴胡、陈皮、
肉桂、香附、栌柳、大腹皮、砂仁、白豆蔻等，虽具有调理气血作用，但易伤正
损气。动药可推动静药，两类药合用，使补益作用增强，而副作用减少。例如在
异功散中，参、苓、术、草是补益之品，用量宜重，陈皮乃理气之物，用量宜
轻，如此配伍健脾的效果方能增强。

　　（3）医家的用药习惯。如东汉时期，张仲景运用人参的剂量普遍偏大。而到
了金元时期，李杲运用人参的剂量又普遍偏小，如补中益气汤中人参仅用至三
分。但即使是同一医家，使用人参的剂量也不尽相同。就张仲景而言，人参在不
同方中的剂量就有很大的跨度，如侯氏黑散中人参仅用三分，温经汤含人参二
两。即使是同一医家创制的同一首方，制方时也强调要根据病证需要和具体情况
灵活调整药物剂量。如明代医家张介宾，创制主治阳虚伤寒的大温中饮，提及方
中人参用量为三五钱，甚者一两，或不用亦可；又如主治男妇气血大坏、精神失
守的大补元煎，方中人参用量少则用一二钱，多则用一二两。

　　人参与一些药物配伍时，根据药物的特性和病证的需要，调整人参与其他药
物的用量比例也是一个值得重视的问题。下面以人参与黄芪配伍，人参与石膏配

伍，人参与柴胡、升麻配伍为例加以说明。

历代许多本草著作认为，人参与黄芪相配有主次之别。如《本草蒙筌》认为："参芪甘温，俱能补益。证属虚损，堪并建功。但人参唯补元气调中，黄芪兼补卫气实表。所补既略差异，共剂岂可等分……如患内伤，脾胃衰弱，饮食怕进，怠惰嗜眠，发热恶寒，呕吐泄泻，及夫胀满痞塞，力乏形羸，脉息虚微，精神短少等证，治之悉宜补中益气，当以人参加重为君，黄芪减轻为臣。若系表虚，腠理不固，自汗盗汗，渐致亡阳，并诸溃疡，多耗脓血，婴儿痘疹，未灌全浆，一切阴毒不起之疾，治之又宜实卫护荣，须让黄芪倍用为主，人参少入为辅焉。"《药品化义》则提到在运用黄芪时，"内伤气虚，少用以佐人参，使补中益气，治脾虚泄泻，疟痢日久，吐衄肠血，诸久失血后，及痘疮惨白。主补肺，故表疏卫虚，多用以君人参，使敛汗固表，治自汗盗汗"，即认为在治疗中焦里虚时应加大人参用量、减少黄芪用量，而用于肺气虚弱、表虚不固时则应加大黄芪用量、减少人参用量。有的医家也提出不同见解，如李杲在论述补中益气汤时提出"须用黄芪最多，人参、甘草次之"。《本草新编》中则说："补中益气汤之用黄芪，又佐人参以成功者也。人参得黄芪，兼能补营卫而固腠理，健脾胃而消痰食，助升麻、柴胡，以提气于至阴之中，故益气汤中无人参，则升提乏力，多加黄芪、白术，始能升举。倘用人参、白术而减去黄芪，断不能生气于至阴也。故气虚之人，毋论各病，俱当兼用黄芪，而血虚之人尤宜多用。"

此外，人参与柴胡、升麻相配既有助正祛邪之功，又有补气升提之效。若以人参配柴胡、升麻助正祛邪，柴胡、升麻用量需大，有助于外邪宣散、热毒得清，人参用量需小，以免"闭门留寇"。诚如《得配本草》谓人参"入发散药，祛邪有力"，但"宜少用以佐之"。例如《伤寒论》小柴胡汤，原方柴胡用量达八两之多，人参用量仅三两。

若以人参配柴胡、升麻补气升提，则人参用量需大，有助于元气充养，柴胡、升麻用量需小，以免其发散之力进一步对正气造成耗伤。《本草新编》谓人参"如提气也，必加升麻、柴胡"，但同时强调"盖人参乃君药"。在分析柴胡用于升阳举陷时，《本草新编》也阐述了柴胡不宜重用的道理："夫用柴胡提气而反甚者，必气病之有余者也。气之有余，必血之不足也，而血之不足也，必阴之甚亏也。水不足以制火，而反助气以升阳，则阴愈消亡，而火愈上达，气安得而不上冲乎。故用柴胡以提气，必气虚而下陷者始可。至于阴虚火动之人，火正炎上，又加柴胡以升提之，火愈上腾，而水益下走，不死何待乎？此阴虚火动，断不可用柴胡，不更可信哉。"该书亦强调柴胡需同补气药合用乃有此功："柴胡提气，必须于补气之药提之，始易见功，舍补气之药，实难奏效。盖升提之力，得补更大，非柴胡之不得气也。"在用人参补气升提方面，如《内外伤辨惑论》升阳益胃汤，原方人参用量为一两，柴胡用量仅三钱。

（四）剂量对白芍功效发挥的影响

1. 益阴和营，养血安胎

当白芍发挥益阴和营、养血安胎作用时，剂量中等偏小，一般为 10 ～ 15g。白芍能益阴和营，配合调卫之品（如桂枝等），发挥调和营卫之功，使卫气能正常升散，营阴可正常内守；而卫属阳主动，营属阴主静，若白芍用量过大，则不利于卫气升散。白芍补肝之阴血，但酸苦性寒能抑敛肝气，有碍于疏泄，故治肝血虚者，白芍用量不可过大。又因白芍阴柔而静，故补肝血时，当加川芎、当归补而善动之品，动静结合，相得益彰。如血虚而伴有肝郁，兼有闷闷不乐、胸胁胀满者，又当少配疏散之品，如柴胡、香附类。胎气有赖阴血滋养，且妊娠这一特殊时期用药更当审慎，因此白芍作安胎之用时，剂量也不宜太大。

2. 缓急止痛

当白芍用于缓急止痛时，剂量宜大，一般为 30 ～ 60g。肝主疏泄，"欲散"，恶抑郁，若肝失疏泄，气机不通，不通则痛，故可发为疼痛。白芍养血柔肝，既补肝体，又补肝用，且甘味缓急，故为缓急止痛的要药，但欲更好地发挥其缓急止痛功效，剂量须大，若拘于常量 6 ～ 15g，实难收效。综观《伤寒杂病论》，医圣张仲景治疗诸疼痛，如腹中痛、脚挛急作痛、身疼痛、四肢疼痛、骨节痛等，喜用白芍。其中，治疗疼痛的方剂中共有 18 首含白芍，说明早在汉代，白芍缓急止痛的功效就已得到充分发挥。下表通过对比仲景方中白芍的用量变化，可以窥见白芍缓急止痛功效与其剂量的关系（表 1）。

表 1　白芍缓急止痛功效与其剂量关系表

方名	白芍用量	原书主治	疼痛情况	主要配伍
枳实芍药散	等分	产后腹痛，烦满不得卧	腹胀痛	枳实
四逆散	五分	四肢厥逆，或腹中痛	为或然症	柴胡、枳实、甘草
通脉四逆汤	二两	厥逆，下利，或腹痛	为或然症	附子、干姜、甘草
温经汤	二两	崩漏，少腹里急	腹中隐痛	当归、人参、阿胶、牡丹皮、麦冬、桂枝、川芎等
奔豚汤	二两	气上冲胸，腹痛	为兼见症	李根白皮、葛根、黄芩等
大柴胡汤	三两	心下急	胃脘拘急不舒或痛	柴胡、枳实、半夏
黄芪桂枝五物汤	三两	血痹，身体不仁	四肢酸痛	黄芪、甘草、桂枝
芪芍桂酒汤	三两	黄汗，身体重	骨节疼痛	黄芪、桂枝、苦酒
桂枝加黄芪汤	三两	黄汗，胸中痛，腰髋弛痛	身疼重	桂枝、黄芪、生姜
真武汤	三两	水气，小便不利，腹痛	为兼见症	附子、生姜、白术、大枣
附子汤	三两	少阴病，身体痛，骨节痛	兼见身体骨节痛	附子、人参、白术、茯苓
芍药甘草汤	四两	脚挛急	四肢挛急作痛	甘草
胶艾汤	四两	妊娠腹中痛，下血	腹痛较典型	当归、阿胶、生地黄、艾叶

续表

方名	白芍用量	原书主治	疼痛情况	主要配伍
小建中汤	六两	里急，腹中痛，四肢酸疼	腹中、四肢皆疼痛	桂枝、大枣、饴糖、甘草
内补当归建中汤	六两	妇人产后，腹中刺痛不止	腹痛程度重，持续时间长，腹满而痛	当归、甘草、大枣
桂枝加芍药汤	六两	腹满时痛	腹痛拒按	桂枝、大枣、甘草
桂枝加大黄汤	六两	大实痛	腹中急痛	桂枝、大枣、甘草、大黄
当归芍药散	一斤	妊娠、腹中痛	腹中剧痛	当归、茯苓、白术、川芎

由上表可见，仲景使用白芍缓急止痛，与剂量关系密切：疼痛越突出，程度越重，痛势越急迫，持续时间越长，白芍量越大。在当归芍药散中，疼痛为典型症状，且疼痛程度剧烈，痛势急迫，因此白芍用量达 500g（1 斤），为仲景治疼痛诸方中白芍用量最大的一首（为该方中其他药物用量的 2～4 倍），且白芍又可养血安胎，针对妊娠腹痛可谓一举数得，故当重用。仲景用药之精当、剂量之考究，可见一斑。经长期临床验证，白芍用量在 15g 以下时，止疼痛的效果不明显，其收效常在 30g 以上。另有临床报道，偏头痛、妇女痛经、外科手术后疼痛等病症，都可用白芍进行治疗，如果按常用量一效不显著者，可重用至 60～90g，疗效更佳，且没有发现不良反应。

3. 平抑肝阳

当发挥平抑肝阳功效时，白芍宜中量使用，一般用量为 20～30g。白芍酸收入肝，可敛肝气，抑横逆上亢之肝阳，而白芍非重镇之品，故在平抑肝阳时剂量不必过大；但肝气上逆，疏泄太过，或肝阴不足，阴不敛阳，肝阳上冲，其性急迫，若剂量太小（＜15g）则不能有效益阴敛阳，收上亢之肝阳，平太过之肝气，因此剂量宜中等。

4. 疏肝柔肝

当主以柔肝解郁时，白芍一般为佐助之药，用量宜小，常用 6～9g，目的在于：一者因肝郁易化火、气逆，尤其得辛香温燥之剂，故用酸收性寒之白芍以防其变；二者于疏散之剂中佐用少量酸收之品，此散中有收、开中有阖，可防其耗气伤阴；三者白芍补肝体，肝体得充，可助肝之疏泄，若用量太大，因其柔润酸敛，反不利于疏肝理气药物疗效的充分发挥。

此外，白芍较大量使用，还能止血、通便；有人认为白芍用量在 30g 以上时，对吐血、呕血、咳血、鼻衄、便血、崩中下血等属于肝气急迫所致者，有较好疗效。《伤寒论》280 条云"其人续自便利，设当行大黄、芍药者，宜减之"，提示白芍尚可通大便，用至 30g 以上即有通大便的作用。

（五）剂量及炮制对石膏功效发挥的影响

历代医家对生石膏内服时的应用剂量常有争论和分歧。有的医家认为石膏辛甘大寒而伤脾胃，用量宜轻；亦有人认为石膏为辛甘微寒之品，不伤胃气，用量宜大。先生总结，生石膏内服时最小剂量和最大剂量之间跨度很大，可用 3～250g。如石膏发挥解肌透表和生津止渴功效时，用量较小；发挥清热泻火、清肺平喘、透疹化斑功效时，用量跨度范围较大，3～60g 均可应用；而发挥解毒逐疫功效时，应用剂量较大，最低不少于 30g，最大用量可达 250g。生石膏体重而气轻，辛凉开腠，辛而不燥，用于外感表证而有热象存在时，剂量不宜过大。生石膏发挥生津止渴功效时常用于热病后气阴两伤，而津伤较重，故常用石膏清解余热，同时配伍养阴生津之品，以收热退津还之功。生石膏发挥清热泻火、清肺平喘和透疹化斑功效时，石膏的用量随着热势的渐盛也随之增大。热势不盛时，清热力量较小，石膏用量较小；而当脏腑间蕴有实热，热势较盛时，易成燎原之势，当用大剂寒凉之剂扑灭之。如若石膏用量较小，又有药不胜病之虞。生石膏发挥解毒逐疫功效时，其用量为非常规剂量，原因在于：生石膏为热疫不可或缺的重要药物，热疫之发，病势急迫，病情危重，火热表里内外俱盛，气营两燔，甚至入血分耗血动血，亟当清气凉血、解毒逐疫。

石膏的用药剂量除了与主治病症和热势高低有关外，还与方剂中其他配伍药物的剂量有关。从汉代运用的含石膏的方剂来看，石膏的用量主要根据热势的高低来确定。而后世医家因用药习惯的不同和复杂病情的需要，其运用的方剂，药味数相对较多，而且方中有不少具有相似功效的药物同用。如在同一首方剂中，根据主治的病症，石膏常和栀子、黄芩、芦根、龙胆草、黄连、大青叶等药物中的某几种同用，而这些药物亦具有清泻火热的功效，可以增强石膏清热泻火之力。因此除了考虑病情的轻重和热势的高低外，如果药味数较多，则石膏的相对用药剂量应小。

煅石膏内服时，剂量较小，剂量范围为 1 ～ 12g，分析其原因可能在于：石膏煅后宣散之性变为收敛，以治外感有实热者，竟将其痰火敛住，凝结不散，用至一两即足伤人，是变金丹为鸩毒也。蒲辅周老先生认为："石膏辛甘寒，煅石膏清胃热力大于生用，其性凉甚，每服二三钱即可，因其煅去辛味，只剩甘寒，乃成守而不走之药性也。解肌退热宜用生石膏，熟石膏不行。"

煅石膏是生石膏经火煅后的加工品，经实践证明具有生肌敛疮、收湿止痒、止血之功，多外用以治痈疽疮疡溃不收口及湿疹等症，主要取其收敛作用。可见煅石膏当不具辛味而具涩味，这也符合药物炮制以后改变了其本身性味的理论。生石膏煅用以后辛味去除，而寒性减弱，是因见火之后，受到火热的作用所致。事实上很多中药经炮制后均可以改变其本身的性味，如干姜的辛热与炮姜的苦涩温、生地黄的甘苦寒与熟地黄的甘微温等。先生认为，石膏的性味应生熟有别，煅石膏性味不应是辛甘寒，应是味甘微涩，性寒微弱，清热之力逊，收敛生肌力专。

（六）炮制对附子功效发挥的影响

附子为有毒中药，古今医家对其炮制都非常重视。古代炮制附子的方法很多，仅《中药炮制品古今演变评述》中介绍的炮制方法就有"炮""制""烧""焙""煅""煨""煮""炒""炙""蒸""烘""腌""煎""浸（泡）""淬""晒（阴干）（曝）""埋""放灶上烟柜中间""熟""沾"等。这些方法有不加辅料者，也有加辅料者。辅料有蜜、青盐、爽水、泔水、东流水、黑豆、木（灰）、生姜、糖灰、醋、大麦、枣、黄连、盐、蛤粉、朱（辰）砂、童便、灰、丁香、赤小豆、甘草、小豆、酥、陈壁土、防风、石灰、猪月、人参、米粥、干姜、酒、夏布、甘遂、荞麦面、黄泥、纸等。可惜的是，大多数上述炮制方法都没有保留下来。关于附子的炮制，古代医家论述亦颇多，后世医家对附子的炮制方法均有不同发挥。先生将附子的不同炮制方法对功效发挥的影响总结如下。

1. 生附子性偏急，熟者性偏缓

附子生用辛热之性烈，其性急，走而不守。《本经逢原》云："伤寒阴证厥逆，直中三阴，及中寒夹阴，虽身热而脉沉细，或浮虚无力者，非此不治。或厥冷腹痛，脉沉细，甚则唇青囊缩者，急须生附以峻温散之。"

张仲景运用附子回阳救逆时均为生用，方如四逆汤、通脉四逆汤、白通汤、白通加猪胆汁汤、干姜附子汤、茯苓四逆汤、四逆加人参汤。附子生用，还可治冷瘴、中风气厥、痰厥等。如《本草纲目》载："如治冷瘴，用生附子同生姜，哑瘴以生者独用；中风气厥、痰厥与川乌、胆南星、木香同用……皆取其性彪悍，走而不守。中寒、昏厥与炮干姜同煎；肿疾喘满和沉香、生姜煎后冷饮，愈病速捷。"方如《易简方》三生饮（生南星、川乌、生附子、木香），用治寒痰壅于经络，卒中不知人事，痰涎壅盛，语言謇涩，或口眼㖞斜，半身不遂。

附子制熟后，其性缓和，适用于久病、缓病。如《本草纲目》载："附子炮熟后，性缓而力厚，适宜于久病缓图，如年久头痛与食盐捣敷太阳穴；炮附子配半夏、木香疗胃冷有痰；配鸡子白调服，治久痢。"《圣济总录》白矾丸，以白矾（烧灰）、赤石脂各30g，附子（炮裂，去皮脐）45g，用治痔疮年久不愈，阳气已衰，便下脓血不止。

2. 生用偏于散寒止痛、祛痰除湿，熟炮偏于助阳补火

《本经逢原》云："附子生用则散阴寒，熟用则助真元。"生附子偏于散寒止痛、祛痰除湿，常用于冷风顽痹、寒湿外侵、寒痰内阻等。方如《仁斋直指方》生附除湿汤（生附子、制苍术、白术、制厚朴、宣木瓜、炙甘草），治脾肾阳虚，寒湿外侵，身体冷痛。生附子外用时，多入外用散、贴膏剂，功能散寒止痛、祛风散邪，多用于风湿痹痛、湿癣、脱肛、鼻窍、耳窍疼痛、痛疽等；熟附子功善助阳补火，多用于温补气血、助阳解表、温脾补肾等。如《本草纲目》载熟附子之功："如小便虚闭，伍泽泻，灯心水煎送；大肠冷秘，炮附为末，蜜水送之；元脏虚冷，以盐、葱、枣煎水送服炮附子末；久泻亡阳者，伍人参、木香温补；少阴伤寒发热配麻黄、细辛、炙草温补心肾而汗之。"

3. 生用偏于升浮，熟用偏于沉降

张元素谓附子"大辛大热，气厚味薄，可升可降，阳中之阴，浮中有沉，无所不至"。其生者性升浮，熟者则沉降。如《本草纲目》以生乌头、生附子尖为末，以茶调服，升浮涌吐，用治风痰癫痫。熟附子配白石脂、煅龙骨，则沉降湿浊，治小儿吐泻；配枯矾则治虚寒下血，性重而沉；配生地黄、酒少许，治阳虚吐血者，使胃气沉降；治反胃不食，附子以石灰炮热姜汁淬后，同丁香、粟米煎服，使逆气沉降，反胃自止；治眩晕风寒，浊气上逆，炮附子与乌头温补下焦，浊降清升，眩仆得愈；治虚火背热，以津液调附子涂于涌泉，则可引火归原。

如配伍药引，生附子、熟附子的升降浮沉之性可异。如《本草纲目》以生附子配蜀椒和食盐，治肾气上攻，则变生附子升散之性而为降补；又以炮附子配生姜、黑豆，配之以酒，使之能上达头目，治头风痛。

（七）炮制对桃仁功效发挥的影响

炮制方法不同，桃仁功效的发挥亦有侧重。生桃仁乃采摘成熟果实堆积后，使果肉腐烂，洗出果核，敲碎，取出种仁，晒干即可。《名医别录》首载其"七月采仁阴干"。《本草经集注》承袭经方论述，首次在经典本草著作中以通则的形式规定了桃仁的炮制，此时桃仁入药开始有了"净制"的要求——"去皮尖"或"去皮尖及两仁者"。历代对桃仁去皮方法的论述颇多，《金匮玉函经》谓"泡去皮"，《本草经集注》言"汤揉挞去皮"，《太平圣惠方》则云"汤浸去皮尖双仁"。桃仁去皮一直沿用至今，使用的方法是"汤揉挞去皮"衍化而来的燀法，即燀桃仁。自古以来皆认为生桃仁活血祛瘀的力量较强，诚如李时珍在《本草纲目》中所言："桃仁行血，宜连皮尖，生用。"现代药理研究也证实，相对于其他几种方法炮制的桃仁，生桃仁对小鼠实验模型具有很强的抗凝血、抗血栓、抗炎等作用，桃仁皮也具有较好的活血抗炎作用。因此，活血祛瘀时宜使用生桃仁。至于去皮的燀桃仁，普遍认为是在熬制时有利于有效物质的溶出。另外，古人对桃仁有"双仁者不可用"之说，现在认为似与古人对食物的"畸形恐惧"心理有关，尚未找到相关的科学依据。（麸）炒桃仁系燀桃仁加工而来。古人认为（麸）炒桃仁润燥活血之力较胜，如《本草纲目》说："润燥活血，宜汤浸去皮尖，炒黄用，或麦麸同炒，或烧存性，各随其方……"古今医家多以为是。然而桃仁经燀、

炒炮制后，各种功效作用均趋于缓和，其润燥活血之功仍以生桃仁最强。

桃仁霜是将燀桃仁研成粗粉，用吸油纸包好，反复压榨去油，然后取出研细所成。因为去掉了桃仁中富含的油脂成分，所以桃仁霜功专活血祛瘀而无滑肠之弊。

在古代文献中还记载了一些特殊的桃仁炮制法。如《医宗金鉴》治产后阴肿，用桃仁"烧后外敷"。《本草纲目》治崩中漏下不止者，将桃仁"烧存性研细，酒服"。治风虫牙痛，《本经逢原》则谓："针刺桃仁，灯上烧烟出吹灭，安痛齿上咬之。"《医学衷中参西录》治疗痘疹重症，大剂量使用桃仁时，主张生炒各半或生炭各半等。桃仁加辅料炮制也多有论述。如《雷公炮炙论》将桃仁去皮后加白术、乌豆煮制。张璐认为桃仁与干漆拌炒"可大破宿血"。《普济方》中收载的用于治疗鹤膝风的蜣螂丸，方中桃仁与其他诸药均用童便酒炒。上述制法均为专方特治之法，由于工艺烦琐，一些辅料的成本远高于桃仁，故历史上并未普遍应用。

先生认为，由于生桃仁活血破血之力较强，有耗气伤血之弊，对于血虚生燥的患者，应以炒桃仁为佳；若是脾胃虚弱、大便溏泄而兼有瘀血证的患者，则应选用桃仁霜为宜。另外，研究发现，对不同规格粉碎度的桃仁，煎煮后苦杏仁苷含量的测定分析表明，粉碎成原药材 1/4、1/8 大小的桃仁粗颗粒含量为最高。因此，对于生桃仁、燀桃仁、麸炒桃仁入药，用时均应适当捣碎，以利于有效成分的溶出。

（八）炮制对半夏功效发挥的影响

半夏在《神农本草经》中被列为下品，"多毒不可久服"，历代的本草文献也记载其"辛温、有毒"。半夏药用历史悠久，是中医临床上最常用的有毒中药之一，因此其炮制方法及炮制作用为历代医家所关注。半夏通过炮制，既可以减毒，又是其功效发挥方向的有效控制因素之一。

半夏炮制品，最早见于《黄帝内经》，当时记载为"治半夏"，但却没有说明其炮制方法。半夏确切的炮制方法，最早见于张仲景的《金匮玉函经》："不㕮咀，以汤洗十数度，令水清滑尽，洗不熟有毒也。"陶弘景《本草经集注》对半夏的炮制方法及炮制目的则阐述得更为详尽和明确："凡汤酒膏丸散用半夏……以热汤洗去上滑，手搓之，皮释随剥法，更复易汤洗之，令滑尽，不尔，戟人咽。"到了后世，随着中医药学的发展，半夏的炮制方法逐渐增多，炮制品种也随之增加。《本草纲目》曰："痰分之病，半夏为至，造而为曲尤佳。治湿痰以姜汁、白矾汤和之，治风痰以姜汁及皂荚煮汁和之，治火痰以姜汁竹沥和之，治寒痰以姜汁矾汤入芥子末和之。"这些不同制法的半夏，具有特定的药效作用，从而满足了中医临床的治疗需要。先生认为，生半夏辛热毒甚，以外用为多，但配伍得当，内服对于风痰上扰也有较多应用；法半夏辛温，多用于燥湿化痰。

姜半夏与姜浸半夏，功效相似，对于胃气不和之呕吐呃逆等使用较多。《本草从新》曰："半夏性畏生姜，用之以制其毒，功益彰。"孙思邈言："半夏，除湿化痰，和胃气，利胸膈，制用姜汁炒。"以生姜制半夏，一方面生姜可以制约半夏之毒性，另一方面可以增强半夏降逆止呕之效。现代药理研究显示，两种姜半夏均可减缓胃肠运动，说明姜制半夏不仅可以消除生半夏对胃肠黏膜的刺激，保护胃黏膜正常功能，同时又能拮抗生半夏加速胃肠运动导致的吐泻，从而起到和胃降逆止呕的功效。

清半夏长于燥湿化痰，但由于炮制过程中加入白矾作为辅料，在制约半夏毒性的同时增加了白矾的副作用，如烧心、嘈杂、致吐等，以致降低或抵消了半夏止呕作用。《神农本草经读》言："今人以半夏功专祛痰，概用白矾煮之，服者往往致吐，且致酸心少食，制法相沿之陋也。"但清半夏用于和胃降逆不在少数，分析其原因，可能有以下几点：含清半夏的方剂主要来源于张锡纯《医学衷中参西录》，张锡纯对清半夏的用法有其独到之处，其认为半夏"唯药房因其有毒，皆用白矾水煮之，相制太过，毫无辛味，转多矾味，令人呕吐，即药房所鬻之清半夏中亦有矾，以之利湿痰犹可，若以止呕吐及吐血、衄血，殊为非宜。愚治此等证，必用微温之水淘洗数次，然后用之，然屡次淘之则力减，故须将分量加重也"。张锡纯用半夏和胃降逆，多与代赭石相伍，弥补了清半夏降逆和胃功效的不足，提出"赭石、半夏以镇冲气，使之安其故宅"，如《医学衷中参西录》之寒降汤、温降汤、镇逆汤等皆用此二味以镇冲降胃。

半夏曲辛平微甘，偏化食痰，能温胃化滞降逆，脾虚生湿者亦适用。

（叶俏波，刘兴隆）

四、临证药对精粹

1. 麻黄－石膏

石膏和麻黄相伍，为清热、宣肺、平喘的基本配伍。先生常用此组合，治疗以下病证：

（1）肺热喘咳：麻黄辛、苦、温，为治疗肺气壅遏所致咳喘的要药。明代《本草纲目》称其为治肺经之专药，故治肺病多用之。《医学衷中参西录》分析了《本经》认为麻黄主咳逆上气的机理为"以其善搜肺风兼能泻肺之喘也"，欲以宣肺平喘止咳为主时，多选用炙麻黄。先生认为，麻黄、羌活的解表功效是打开皮毛，即人体最表层的防御系统，给邪气以出路，使表证得解，故麻黄、羌活入太阳，为太阳之药。石膏为辛凉重剂，张锡纯云"其性凉而能散，有透表解肌之力，为清阳明胃腑实热之圣药，无论内伤、外感用之皆效，其他脏腑有实热者用之亦效"。从《伤寒杂病论》对石膏的运用来看，石膏主要具有清阳明经热、清解郁热、清热生津止渴、清肺平喘的功效。麻黄受石膏制约，方能缓发汗之峻，同时，二者皆可理肺平喘，故此药对既能解表清肺，又能宣降肺气而加强平喘的功效。

（2）风水：《本经疏证》谓"麻黄得石膏，则发散不猛"；石膏得麻黄相助，方能利其辛散之性，强其开达郁热之力。二者均具辛散之性，故能共奏解表寒热之功。两药相配，利用麻黄的宣肺行水之功，配合石膏清透热邪之力，还可发越水气，主治风水夹热证。两药相合，寒温并用，一升一降，相须相制。

2. 麻黄－地龙

麻黄、地龙相配，功能宣肺通络、泄热平喘。先生常用此组合，治疗以下病证：

（1）邪热壅肺：麻黄辛温，具有发汗解表、宣肺平喘的功效。地龙咸寒，善下行，可解诸热疾。二药配伍，寒温并用，升降相施，共奏泄热平喘之功。与同为治疗邪热壅肺的药对——麻黄、石膏相比，麻黄与地龙治疗的热邪闭郁更深。地龙有钻土之能，沉降入里，擅长开通脏腑经络深处之闭塞；而石膏味辛性寒，在清泄肺热之余，还可辛散透热，使热邪向上、向外透出。两者作用层次及作用方向截然不同。

（2）热结膀胱：肺主通调水道，为水之上源，麻黄既可入肺宣肺平喘，又可入膀胱利尿消肿。地龙咸寒入肾，下行能利小便。麻黄与地龙配伍治疗热结膀胱：一是直接下达州都，直达病所；二是采用提壶揭盖的方法，通过麻黄宣降肺气、调畅气津，达到开上窍、通下窍的目的。

（3）痹证、中风后遗症：《神农本草经百种录》记载，"麻黄，轻扬上达，无气无味，乃气味之最清者，故能透出皮肤毛孔之外，又能深入积痰凝血之中。凡药力所不到之处，此能无微不至，较之气雄力厚者，其力更大"。麻黄作为风药走窜透达，由表及里，肌腠孔窍无微不至，配伍可入络通经的地龙，能打开气血津液流通受阻的脉道，恢复神机的流通。同时麻黄祛外风，地龙息内风，两者配伍意在疏风散邪、活血通络。

3. 麻黄 – 附子 – 乌头

麻黄、附子与乌头相配，功能祛风散寒、除湿止痛、利水消肿。先生常用此组合，治疗以下病证：

（1）寒湿历节：《本草思辨录》认为"麻黄气轻，祛风寒在肌肤者多；乌头气重，祛风寒在脏腑者多。麻黄除湿，是湿随风寒而去；乌头除湿，是风寒外散而湿则内消。麻黄伸阳而不补。乌头补阳而即伸。此治历节不可屈伸疼痛，二者所以必并用之故"。尤在泾亦云："寒湿之邪，非麻黄、乌头不能去。"可见，麻黄与乌头同用，祛一身上下、表里内外之寒湿；同时，内生之寒，温必兼补，故配伍附子补火散寒、振奋阳气，以解痼结之阴寒。《本草汇言》曰："回阳气，散阴寒，逐冷痰，通关节之猛药也。"三者配合，意在外散风寒，内祛寒湿，通利关节，温阳止痛。

（2）阳虚水肿：肺肾为调整水液代谢的重要脏腑，麻黄宣肺平喘、利尿消肿，附子温肾助阳。失去麻黄调整肺脏气机之正常运行，则水道不通，水谷精微难以布散；失去附子温肾化气，则一身之阳气温煦推动无力，水津输布排泄障碍，停聚在一处而形成水肿。麻黄配伍附子是肺肾同治，上下同治，亦是太阳与少阴表里同治。两者相伍意在通过调整气机升降，从而调控津液的正常输布运行；加上散寒除湿的乌头着重针对阳虚生内寒，使温阳化水之功更显。

4. 麻黄－射干

麻黄、射干相配，为宣肺平喘、祛痰利咽的常用药对。先生常用此组合治疗痰涎壅盛，气逆咳喘。

麻黄与射干之组合，以张仲景创制的射干麻黄汤最为人熟知，治疗外寒袭肺，肺失宣降，饮聚成痰，痰阻气道。其中麻黄辛温散寒，调理肺脏气机，通调水道，化痰行津。射干祛痰泄浊，直接消除病理产物。此外，射干苦寒，具有清热解毒、活血消癥的功效，鳖甲煎丸便是取其活血之用。《本草衍义》认为射干治肺气、喉痹为佳。咽喉为肺之门户，因此，麻黄与射干配伍也用于治疗咽喉红肿。麻黄宣肺开窍，射干清热解毒、活血消肿，二者共奏利咽喉、畅门户之功。

5. 麻黄－熟地黄

麻黄、熟地黄配伍具有温经通脉、散结消肿之功。先生常用此组合，治疗以下病证：

（1）阳虚寒凝痰滞之阴疽：《本草新编》云，"凡痰之生也，起于肾气之虚，而痰之成也，因于胃气之弱。肾气不虚，则胃气亦不弱"。阴疽的形成多与阳气不足，水谷精微失运化凝聚成痰，不化生为血有关，故临床常以麻黄与熟地黄相配伍治疗，重用熟地黄，轻用麻黄，补中寓通。东垣云："地黄假火力蒸九数，故能补肾中元气。"熟地黄味厚而甘，具有滋阴养血、补肾益精的功效，以补为主。重用熟地黄一是针对阴疽耗伤的阴血，补充足够的基础物质；二是阴主降，少用阴药而味难下达（《本草新编》），故熟地黄非重用不可，下沉阴分以填精补髓。麻黄为风药，风性疏泄，能宣降肺气、开通毛窍，深入筋骨，"通九窍，调血脉"（《日华子本草》）。麻黄辛温，其走窜透达、层层温煦的特性，有助于消凝痰、布津液、化阳气。

（2）肺肾不足之咳喘：麻黄宣肺平喘，熟地黄滋阴补肾。太阳与少阴相表里，肺司呼吸，肾主纳气。麻黄与熟地黄相伍，常用于呼多吸少，咳喘日久，腰膝酸软，面色苍白，脉虚无力之人，以老年患者多见。但麻黄对中枢神经系统有兴奋作用，所以在用于患有心脏病的老年人时，其剂量宜轻，少少用之以调整恢复肺脏气机正常即可。

6. 防风－川芎

防风、川芎相配，功能祛风止痛、散寒除痹。先生常用此组合，治疗以下病证：

（1）外感风寒头痛：防风辛温，具有祛风解表的功效。《药类法象》言防风"散头目中滞气，除上焦风邪之仙药也"，临床常用来治疗外感风寒表证。川芎是治疗头痛的要药。历代医家都喜爱配伍川芎治疗不同证型的头痛。如朱丹溪认为川芎可治疗诸经气郁头痛，《本经逢原》说川芎是"治少阳厥阴头痛，及血虚头痛之圣药"。因川芎味辛性温，性走窜，具有升散之性，所以张景岳说："唯风寒之头痛，极宜用之。"风为阳邪易袭阳位，头为诸阳之会，肝为风木，与督脉会于颠顶，故风寒来袭最易犯人头目。防风与川芎皆归肝经，两者凭其辛香窜动之力散风寒、止头痛。

（2）风寒湿痹证：防风、川芎配伍具有祛风散寒除痹的功效。早在《神农本草经》里就有防风、川芎能治疗痹痛的记载。《神农本草经读》云："血少而不能热肤，故生寒而为痹……川芎辛温而活血，所以主之。"川芎辛温，为活血药，但以祛风见长，善疏通走窜，《医学衷中参西录》云其"温窜相并，其力上升、下降、外达、内透无所不至"。风寒湿痹证多病程长、病位深，配伍川芎可内彻外达、行气散血，恢复气津的布散。防风可外祛风寒，内燥湿邪。自东垣起，历代医家多认为防风为卒，可任主使唤，通行十二经，故《本草蒙筌》说防风可"尽治一身之痛，而为风药中之润剂也。治风通用，散湿亦宜"。防风与川芎相伍可直达病所，搜刮一身之风寒湿。

先生特别指出，防风与川芎的配伍不可久用，应中病即止。《本草新编》说："（川芎）同风药并用耳，可暂而不可常，中病则已，又何必久任哉。"防风与川芎皆为祛风走散之品，久用恐有耗气之虞。

7. 防风－全蝎

防风与全蝎配伍具有祛风止痉的作用，先生常用此组合，治疗小儿惊风、破伤风、风中经络之口眼㖞斜等由风邪引起筋膜挛急的疾病。《素问·至真要大论》云："诸风掉眩，皆属于肝。"肝经受风邪常表现为四肢抽搐、颈项强直、口眼㖞斜等症状。防风与全蝎都归肝经，味辛性温。汪机曰："破伤风宜以全蝎、防风为主。"防风与全蝎配合所起的祛风止痉作用早已被古人认识。防风味辛具升散之性，既可搜刮肝风，又可周行全身，祛风散邪。全蝎乃治风之要药，气厚力雄，内风、外风皆可用之，又深入经络以祛风止痛，正如《得配本草》说："一切风木致病，耳聋掉眩，痰疟惊痫，无乎不疗。"

8. 防风 – 白芍

防风、白芍相配，功能散肝舒脾。先生常用此组合，治疗肝脾不和证。

防风与白芍均归脾经，《神农本草经读》谈防风时说："然温属春和之气，入肝而治风，尤妙在甘以入脾，培土以和木风，其用独神。"防风味辛气薄，可入肝疏风散邪，具升散之性；其味甘又可还于中土以助脾统血，通顺血脉。白芍则入肝脾血分，主益脾阴，补脾虚，平肝木。此外，白芍还具有解痉的作用，白芍味酸宜敛肝气，性苦可泻肝实，而肝主筋，诸筋膜挛急所致的疼痛皆可用。故《本草新编》云："芍药毋论肝之衰旺、虚实，皆宜必用，不特必用，而更宜多用也。"防风秉春和风木之气，入足厥阴肝经以疏肝气，白芍滋阴柔肝，两者合用顺应了肝体阴而用阳的生理特性，共奏气血并调之功，既可助土荣木，又可疏木调脾。因此，先生常用此药对治疗腹痛、腹泻或经年泄泻属肝脾不和者。

9. 细辛 – 白芷

细辛、白芷相配，功能祛风散寒、开窍止痛。先生常用此组合治疗寒闭鼻窍。

细辛之气辛烈香窜，本草著作多言其能走窜周身、利九窍。白芷具有解表散寒、燥湿止痛、解毒排脓的功效，其气香如芳草，尤擅开窍，故《药鉴》言："与辛夷、细辛同用，则治鼻病。"细辛与白芷都具有解表散寒的功效，秉阳明燥金，通于肺，肺开窍于鼻，所以两者配伍最适用于风寒袭肺、鼻塞不通的患者。另外，先生还常以细辛、白芷加上藁本治疗头痛。《药性赋》称细辛"其用有二：止少阴合病之首痛，散三阳数变之风邪"，称白芷可"止足阳明头痛之邪"。两者散头风止疼痛的作用也不可忽视。

10. 细辛 – 生地黄

细辛与生地黄配伍，具有开窍散结除痹、清热凉血止痛的作用。先生常用此组合治疗痹证。

细辛具有解表散寒、祛风止痛、开窍的作用，《本草正义》谈细辛"旁达百骸，无微不至，内之宣络脉而疏通百节，外之行孔窍而直透肌肤"。细辛气香性走窜，通达九窍，可开经脉窍隧之邪。《神农本草经》言生地黄可逐血痹，《本草崇原》称生地黄"不但逐血痹，更除皮肉筋骨之痹也"。生地黄除痹痛之功非在活血通络，而在荣血养筋，血和则结者散，阴润则闭者通。正如《本经疏证》所说："地黄之用，不在能通而在能养，盖经脉筋络干则收引，润则弛长，是养之即所以续之。"故细辛与生地黄相伍，一在祛邪外出，一在养血散结，且细辛可疏生地黄寒滞滋腻之性，生地黄可缓细辛之辛烈耗气，两者配伍相反相成，寒热并用，气血并调。此外，发散开窍的细辛配伍清热凉血滋阴的生地黄还可治疗胃火牙痛、风热头痛及目赤肿痛。

（佘颖琪）

11. 细辛 – 黄连

细辛与黄连，大辛大热与大苦大寒相配，先生常以二药相配伍治疗各类痛证，以细辛升散透发之性速散寒邪，伍以黄连清泄郁热，以奏散寒开郁、通窍止痛之效，暗合"火郁发之"的配伍思想。

细辛在表则解表散寒、祛风止痛，在里则祛寒温里、鼓舞阳气；黄连清热泻火之力胜，长于清中焦之热，尤其长于清泻胃火。二药合用，泻火而无凉遏之弊，散火而无升焰之虞，降中寓升，暗合"辛开苦降"之配伍结构。寒停日久，局部易郁而化热，使得病机寒热错杂，两者最为适宜。

12. 生地黄 – 黄芩

生地黄和黄芩相配，功能清热、凉血、止血，先生善将两者组合用治血热妄行之出血证。

生地黄甘寒质润，养阴和血，清热凉血，活血化瘀，止血，明目。黄芩味苦性寒，清热燥湿，凉血止血。生地黄、黄芩可清热凉血止血，同时，生地黄之凉润可避免苦寒直折所致阴液耗伤，黄芩之苦燥、生地黄自身活血化瘀之功亦可避免甘寒生津而留邪。因此，二药合用，使得清热而不伤阴，养阴而不留邪。二药相合，甘苦同用，燥润齐施，清热、凉血、止血中又养阴血、润燥、活血，如此苦燥不伤阴，凉润不碍脾，阴柔不留瘀，此配伍对于里热证亦有立竿见影之功。

13. 生地黄 – 大黄

生地黄与大黄相配伍，是治疗瘀血证的基本配伍组合。先生常将此组合用治瘀热积聚证。

生地黄具养阴和血、清热凉血、活血化瘀、止血、明目的功效，《神农本草经》认为其"主折跌绝筋，伤中，逐血痹"。徐之才《药对》中称生地黄为"散血之专药"。大黄力猛善走，直达下焦，深入血分，下瘀血，破留瘀积聚。《别录》谓大黄可治"诸老血留结"。另外，大黄有通腑泻浊、凉血解毒之功，伍以生地黄清热凉血之效，可引火从下而出，对于营血分的血热证有凉血解毒之功，体现"釜底抽薪"的配伍思想。除此之外，此配伍还具有止血等多种功效。

14. 生地黄－防风

生地黄甘寒质润，入肝、肾补阴血，清肝热而明目；防风辛散微温，有"风药之润剂"之称，其性轻扬，善于浮行于上焦。二药相配，功能养肝清肝、调肝明目。先生常以此组合用治目疾。

肝藏血，主疏泄，体阴而用阳，开窍于目，目是否正常发挥功能，与肝是否藏血、肝血是否充沛、肝的疏泄功能是否正常密不可分，因此目疾与肝功能失常息息相关。

生地黄凉润，善于清热养阴，尤其善入肝、肾经。生地黄入肝经，既可清肝柔肝以平抑肝阳，又可补肝血以养肝阴。《汤液本草》曰："治血，防风为上使。"防风性升浮，可引生地黄上行，通过养肝血以间接濡养目窍、入肝经直接濡养目窍两条途径，使肝窍不被火热熏蒸，目疾恢复如常。《神农本草经读》言："邪风害空窍，则目盲无所见……防风之甘温发散，可以统主之。"无论外风、内风，防风均可疏散，偏于治"风"之标，清肝风以明目窍。二药合用，清养齐施，动静结合，寒温并用，标本兼顾，共奏清肝养血、调肝明目之功。

15. 大黄－柴胡

大黄、柴胡为通腑泻热、疏肝利胆、推陈致新的基本配伍结构。

柴胡能疏达少阳枢机，透达肝胆之火；大黄能苦寒攻下，清泻肝胆之火。两药相伍，一升一降，一散一泻，从不同层次疏通气机，令其条达，故常用此组合推陈致新，消散郁滞气血，广泛用于跌打损伤、癥瘕积聚。另外，先生认为，柴胡与大黄发挥活血作用时常与酒的应用密不可分。以复元活血汤中柴胡大黄同用，治疗瘀血为例。先生特别指出该方需用水酒同煎方能取效。先生早年治疗一外伤患者，瘀血积于胁肋无疑，服复元活血汤无效，思量再三方悟原书煎服有酒，遂在原方加酒，煎服后便取良效。酒辛甘大热，为阳为动，其能布散药力，酒制大黄本已加强大黄活血化瘀之力，柴胡得酒相助更加强行气散血之功，故二药配伍时，选用酒大黄及加酒煎服对于活血之效的发挥也有重要影响。

16. 大黄－石膏

大黄与石膏，甘苦并用，功擅清泻热结。先生常用此组合治疗里热炽盛兼阳明腑实的里热积滞或阳明经气分热盛证。

石膏性凉而兼具辛散之性，既透表邪，又清里热，常用于温病气分热盛。石膏、大黄相配伍，清泻齐下：一方面，石膏辛凉之性透散热邪；另一方面，大黄清热泻火，清气分无形之热，亦可除里实有形结热，并兼顾血分，先安未受邪之地，以防内陷。如此，二药合用可使热邪从表、里、下而解。此配伍体现了治疗温病热盛时"清""透""下"的治疗思路。

17. 大黄－附子

大黄苦寒沉降，为泻下通便、荡涤胃肠积滞之要药；附子辛甘大热，为回阳救逆、温补肾阳之要药，《神农本草经》认为其"味辛，温。主风寒咳逆，邪气，温中，金创，破癥坚积聚，血瘕……拘挛，膝痛，不能行步"。附子与大黄配伍，功能温通泄浊、祛寒止痛，为治疗寒积里实的经典配伍之一。先生在运用此配伍时治疗以下病证：

（1）寒积里实或虚寒腹胀等证：因寒邪与积滞互结于肠道，腑气不通、气机不畅、血行不利，则以大黄泻下通便、荡涤积滞，以附子辛热之性温里散寒、止腹胁痛。大黄借附子之大热，可缓其大寒之性，而留泻下通腑、荡涤积滞之功，是为"去性取用"，有通便而不伤阳气之妙；附子得大黄相助，可缓其大辛大热、善于走窜之性，使阴液不至于被其辛热之性过度耗散。二药相配，温通寒凝之气血，泻下里实，辛开苦降，以奏温里祛寒、开闭通便之功。此外，大黄、附子同用，对因寒积所致的寒疝、睾丸肿痛、睾丸鞘膜积液等亦有较好疗效。

（2）阳虚热痞等证：大黄、附子相伍，体现了寒热并用、辛开苦降的思路。二药合用，郁火得发散以归原，虚寒得以温散。两药配伍，寒而不致气血暴凝，热而不致气血妄行。代表方如仲景之附子泻心汤，暗合辛开苦降、泄热消痞之功。

（3）慢性肾功能衰竭：大黄入血分，可清血分热，活血化瘀，荡涤胃肠积滞而泄浊。《本草正义》云："大黄，迅速善走，直达下焦，深入血分，无坚不破，荡涤积垢，有犁庭扫穴之功。生用者其力全，迅如走丸，一过不留，除邪而不伤正气；制过者其力已缓，颇难速效。"附子善走窜，可温心阳以通脉，温脾阳以助健运，温肾阳以化气利水。二药寒温并用，温清并施，补泻兼顾，共奏温阳活血、泄浊解毒之功，对肾阳衰微无以化气利水排毒，或湿毒滞留而泛滥的慢性肾功能衰竭均有一定的疗效。此配伍用于慢性肾功能衰竭时，大黄宜生用，以加强推陈致新之功。

18. 大黄－肉桂

大黄与肉桂合用，功能化瘀消积、通经止痛。先生常用此组合治疗多种肝郁气滞、阳虚里积的病证。

大黄的功效大致可归纳为泻下通腑、泻热降气、凉血止血、活血化瘀、利胆退黄、解毒消痈6个方面。肉桂辛、甘温，具有补火助阳、散寒止痛、温通经脉之功，为治下元虚冷之要药。二药相伍，一温一清，肉桂大辛大热，大黄大苦大寒，二者可相互制约峻猛之性，寒热相济，阴阳调和，温而不燥，凉而不遏，共奏化瘀消积、通经止痛之功。此外，大黄和肉桂可用于肝郁气滞之吐血、衄血以及习惯性便秘偏阳虚者。

19. 柴胡－川芎

柴胡、川芎相配，行气活血效佳，先生常用此组合治疗肝郁血瘀证。

柴胡味苦、辛，性微寒，《神农本草经》认为其"主心腹，去肠胃中结气，饮食积聚，寒热邪气，推陈致新，久服轻身，明目，益精"。先生认为，柴胡具有疏肝解郁、升举阳气、解肌透邪、和解少阳、退虚热、行气活血、截疟等功效。柴胡品种多样，来源繁多，先生多用蜀地所产之竹叶柴胡，疗效确切，认为可作正品柴胡使用。

柴胡行气活血的功效最早在金元时期提出，王好古曰："柴胡入足少阳，主东方分也。在经主气，在脏主血。"川芎被称为"血中气药"，具有活血行气的功效，《成方切用》言其"辛温，通上下而行血中之气"。柴胡偏重于疏肝解郁滞之气，川芎偏重于活血以行气解郁，二药相合，疏肝解郁、活血化瘀之功著。《本草分经》言川芎"上行头目，下行血海，和血行气，搜风散瘀"，川芎亦具祛风止痛之功。《金匮要略》言："腠者，是三焦通会元真之处，为气血所注；理者，是皮肤脏腑之纹理也。"柴胡解肌发表的作用层次在腠理，先生认为腠理即皮毛与肌肉之间的组织，柴胡可以疏通少阳三焦腠理之气，川芎搜风，二药合用，亦具有解表、祛风、止头痛的功效。

（叶臻）

20. 柴胡－升麻

柴胡、升麻相配，功能解表退热、升举阳气。先生常用此组合治疗以下病证：

（1）中气下陷：柴胡、升麻皆有升举阳气之功。《本草纲目》谓柴胡"或阳气下陷，则柴胡乃引清气，退热必用之药"。升麻"气味俱薄，浮而升，阳也……乃足阳明太阴引经之药，凡补脾胃必此引之"（《本草蒙筌》）。故两者少量共用，"升麻引阳明清气上行，柴胡引少阳清气上行"（《本草纲目》），可挽下陷之中气上达，用于治疗脾胃气虚之中气下陷证。

（2）热毒壅结：治疗热毒壅结，不可一味重用寒凉，如《丹溪心法》所说，"火盛者，不可骤用凉药，必兼温散"，应使气机得以布散，否则恐冰伏气机。柴胡、升麻协同配伍，便可升阳散火，治疗热毒壅结之证，体现"火郁发之"的治疗思想。

21. 附子－黄芪

附子功能回阳救逆、补火助阳，黄芪功能补气升阳、固表止汗，两者相合，功能助阳固表、温阳补气。先生常用该组合治疗以下病证：

（1）阳虚自汗：《药性赋》谓黄芪"温分肉以实腠理，益元气而补三焦……外固表虚之盗汗"。黄芪甘温以益气、补益肺脾、固表止汗，是先生治疗自汗、盗汗之常用药。而附子辛甘大热，"除六腑之沉寒，补三阳之厥逆"（《药性赋》）。两药相合，共奏温阳益气、固表止汗之效，用治阳虚自汗时，先生常合用五味子、浮小麦、党参等药物。

（2）阳虚心悸、胸闷：黄芪可入肺，附子可入心，两者合用以温补心肺。心肺为百脉之宗，若心肾阳虚，心阳不达，脉道不通，则可见心悸、胸闷痛等症。黄芪、附子相配伍，则温心阳、补心气、通心络，用治病态窦房结综合征及窦性心动过缓等多效。

（3）水肿、小便不利：黄芪功能利水消肿，甘温入脾，补脾以利水湿。附子功能补火助阳，辛热入肾，补元阳以化阴水。两药合用可治疗脾肾阳虚之身体水肿及小便不利。

（4）气血亏虚诸证：《神农本草经》谓黄芪"补虚"，《本草正义》谓其"补益中土，温养脾胃"。附子"善助参芪成功"（《景岳全书》），故与黄芪同用能增强其补益之功。先生强调，用治气血亏虚诸证时，附子剂量宜小，为少火生气之意。

22. 附子－白芍

白芍苦、酸，微寒，入肝、脾经，功能养血敛阴、柔肝止痛、平抑肝阳。附子辛、甘，大热，入心、肾、脾经，功能回阳救逆、补火助阳、散寒止痛。故两药配伍，有温阳散寒、养阴合营、缓急止痛之效。先生常用该配伍治疗以下病证：

（1）阳虚寒凝之疼痛：《神农本草经》谓白芍"主治邪气腹痛……止痛"，《药性赋》云白芍"扶阳气，大除腹痛"，故其止痛之效颇受历代医家重视。但白芍苦、微寒，李东垣谓其"寒泻冷痛忌用"，故以辛热之附子配伍白芍，制其苦寒之性，存其止痛之功；白芍酸收敛阴，配伍附子以制其温燥之力，留其散寒之效。两药配伍，温散寒邪，宣痹止痛，对胃脘疼痛、腹痛、痛经等证属虚寒凝结者，皆有良好功效。

（2）阳虚之水肿、小便不利：《神农本草经》谓白芍"利小便"，《名医别录》云白芍"去水气，利膀胱、大小肠"，故白芍有通利小便、祛除水湿之功效。"脾家得附子，则火能生土，而水有所归矣；肾中得附子，则坎阳鼓动，而水有所摄矣。"（《古今名医方论》）故以附子配伍白芍，治疗脾肾阳虚之小便不利、水肿。

（3）痹证：痹证责之风、寒、湿三气杂至，气血痹阻不通。白芍深入血分，养血敛阴，"主通顺血脉"（《名医别录》）。附子善入气分，通行阳气，"其用走而不息，除六腑之沉寒，补三阳之厥逆"（《药性赋》）。两药相合，调气理血，调和阴阳，可用于治疗四肢麻木、关节拘挛之痹证。

23. 附子－生石膏

生石膏甘、寒，有清热泻火、除烦止渴之功用。附子辛、大热，补火助阳、回阳救逆。两者药性相反，一寒一热，相互配伍，温阳与清泻并施；且生石膏可制约附子之温燥，附子可制约生石膏之寒凉。先生常用此组合治疗以下病证：

（1）寒热错杂证：生石膏甘辛、寒，可泻实火、解肌表；而附子大热，可固元阳、散表寒。两者相合，清温合用，可用于治疗各种寒热错杂证。如《金匮要略》"风水恶风，一身悉肿，脉浮不渴，续自汗出，无大热，越婢汤主之……恶风者加附子"，石膏清泄郁热，附子温经助阳以治疗寒热错杂之风水。

（2）上热下寒证：生石膏入肺、胃经，可清泄中上焦之热；附子入心、脾、肾经，可助中下焦之阳。两者合用，共奏清上温下之功效，可用于治疗上热下寒之证，如徐小圃治疗小儿暑热之"元阳虚于下，邪热淫于上"，即以二者相伍。

（3）热炽阳脱证：《成方切用》《金匮要略心典》等古籍记载两药配伍以治疗内热极，身体津脱，腠理开，汗大泄，历风气，下焦脚弱之热炽阳脱证。祝味菊谓生石膏、附子，"一以制炎而解热，一以扶阳而固本"，故用于治疗高热等。两药配伍，寒热并用，制其热盛，回阳固脱。

24. 附子 – 黄连

黄连苦、寒，功能清热燥湿、泻火解毒。附子辛、大热，功能补火助阳、回阳救逆。两者相合，仍为寒热并用，辛开苦降，一扶其阳，一清其热。先生常用此组合治疗以下病证：

（1）寒热互结之痞证：附子配伍黄连，最早出现于《伤寒论》"心下痞，而复恶寒汗出者，附子泻心汤主之"，乃张仲景为治疗阳虚于外，热结于胃之痞证所设。《伤寒贯珠集》云："邪热有余而正阳不足，设治邪而遗正，则恶寒益甚，若补阳而遗热，则痞满愈增。"故以两药配伍，寒以制其热，热以温其阳，且黄连"消心下痞满之状"（《药性赋》），共治寒热互结之痞证。故胃脘疼痛、胀满证属寒热互结者，先生多用之，而西医学之胃炎、十二指肠溃疡等消化系统疾病，证属胃阳不足、湿热中阻者也可使用该配伍。

（2）寒热互结之泻痢：《神农本草经》谓黄连"主治肠澼，腹痛、下痢"，黄连为治疗泻痢之要药，"古方以黄连为治痢之最"（刘完素）。如脾肾阳虚水气不行，湿遏热伏而致泻痢，徒以黄连治之，恐伤及阳气，故以辛热温阳之附子配伍。黄连苦能燥湿，寒能清热，附子辛热之性以鼓动中阳，透热外出，且可防黄连苦寒败坏肠胃。故两药相配，互为制约，以治疗寒热互结之泻痢。

（3）心悸、口疮等：诸痛痒疮，皆属于心。黄连善清心胃之火，而附子温通心阳，温补脾阳，温助肾阳。两者配伍，清解助温阳，泻火护心阳，相辅相成，可治疗冠心病、心悸、心律失常证属寒热错杂者，口舌生疮、咯血、呕吐、膝下或足趾冰冷等证属上热下寒者。

（4）虫积腹痛、吐蛔属寒热错杂者："蛔得辛则伏，得苦则下"（《名医方论》），而黄连味苦，附子味辛，两药合用，苦使蛔下，辛使蛔伏，以缓解虫积腹痛及吐蛔，方如乌梅丸。

此外，先生还将此组合用治湿温病气阴两伤、余邪未尽之身热有汗、烦躁难寐、脉数肢清，以及渴饮溲多、肢冷无汗之小儿夏季热。

25. 干姜-黄芩-黄连

干姜辛热，功能温中散寒、回阳通脉、温肺化饮。黄芩、黄连苦寒，功能清热燥湿、泻火解毒，黄芩还可凉血止血、清热安胎。辛热之干姜配伍苦寒之芩、连，寒热并用，辛开苦降，共奏清泄郁热、温散寒邪之功。先生常用其治疗以下病证：

（1）寒热互结之痞证：该配伍治疗痞证可见于《伤寒论》之半夏泻心汤"……但满而不痛者，此为痞，柴胡不中与之，宜半夏泻心汤"及《金匮要略》"呕而肠鸣，心下痞者，半夏泻心汤主之"，乃仲景为治疗寒热互结中焦，脾胃升降失调，气机阻滞，见心下痞满、呕吐、肠鸣泄泻等症所设。"苦先入心，泻心者，必以苦，故以黄连为君，黄芩为臣……辛走气，散痞者必以辛，故以半夏、干姜为佐。"（《医方集解》）三药配伍，辛开苦降，泻心除痞，和胃降逆，故以治疗寒热互结之痞证，脾胃升降失常之呕吐、泄泻。

（2）口舌生疮：《内外验方秘传》之必效丹以干姜、黄芩、黄连配伍其他药物，治疗口舌破烂作痛。《摄生众妙方》之既济丹以干姜、黄连各等份为散剂，治疗口舌生疮。心开窍于舌，口舌生疮多责之热毒壅结或心火上炎。故以黄芩、黄连泻心火，解热毒；"火郁发之"，故配伍干姜之辛热以发其郁热，共治口舌生疮。

26. 川芎-羌活-白芷-细辛

四药皆为辛温之品。羌活、白芷、细辛属于解表药之范畴，功能解表散寒、祛风胜湿止痛；川芎属活血药之范畴，功能活血行气、祛风止痛，《神农本草经》谓其"主治中风入脑头痛"，能上行颠顶、祛风止痛，以治头痛之功尤善。四药配伍，辛以散风，温以祛寒，共奏祛风除湿、散寒止痛之效。先生常用其治疗以下病证：

（1）外感风寒湿邪之表证：羌活、白芷、细辛皆能解表散寒、祛风止痛，且羌活之除湿功效显著，可"除新旧之风湿"（《景岳全书》）；而治风先治血，血行风自灭，以功能活血行气之川芎配伍，助其祛风之性。故四药配伍可治疗外感风寒湿邪之表证，方如九味羌活汤。

（2）外感邪气之头痛：《汤液本草》引李杲云"头痛须用川芎，如不愈，各加引经药……阳明白芷……少阴细辛"；羌活乃"手足阳明表里引经之药也"（《药性赋》），《本草蒙筌》谓其"如若加入川芎，立止本经头痛"。四药合用，以其引经之性而治各经头痛。

27. 厚朴－麻黄

厚朴辛、苦，入肺、胃、脾、大肠经，功能燥湿、行气、消积、平喘。麻黄辛、微苦，温，入肺、膀胱经，功能发汗解表、宣肺平喘、利水消肿。两药配伍，一宣一降，以助肺气，共奏止咳平喘之效。先生常用其治疗以下病证：

（1）咳喘：《神农本草经》谓麻黄"主咳逆上气"，而《本草纲目》谓厚朴"主肺气胀满，膨而喘咳"，故两药皆有止咳平喘之功效。咳喘之病机为肺气宣降失常，厚朴苦能下气，麻黄辛能宣肺气，故两药相合，宣发肺气，降逆浊气，宣降合宜，常用于寒邪犯肺，清气不升，浊气不降，壅滞胸中所发之咳喘，方如《金匮要略》之厚朴麻黄汤。

（2）外感风寒湿邪：麻黄辛温，发汗解表，"主治伤寒中风头痛"（《神农本草经》），故为祛风散寒之常用药物。《神农本草经》谓厚朴"主治中风，伤寒，头痛，寒热"，明代医家缪希雍之《本草经疏》认为其"辛能散结，苦能燥湿，温热能祛风寒"，故厚朴也有一定的祛风散寒功效。两药配伍，相辅相成，可用于治疗外感风寒湿邪，客于卫表，凝于肌腠。

（胡宇）

28. 郁金－旋覆花

郁金、旋覆花相配，功能行气宽胸、化痰活血。先生常以此组合来治疗胸痹或胁痛。

郁金辛寒，功善行血中之气，化痰止痛，《本草汇言》谓"其性轻扬，能散郁滞，顺逆气，上达高巅，善行下焦，心肺肝胃气血火痰郁遏不行者最验，故治胸胃膈痛，两胁胀满，肚腹攻疼，饮食不思等证"。旋覆花消痰下气，兼通血脉。二药配伍，寒温并用，气血同治，肝胃同调，相得益彰，善于治疗气滞痰凝血瘀之胸痹、胁痛。

29. 桃仁－威灵仙

桃仁、威灵仙相配，功能消痰止咳、祛瘀通络。先生常以此组合来治疗以下病证：

（1）久咳不愈而邪未传里之证，辨证后加桃仁、威灵仙者，盖《医学入门·本草》谓桃仁"兼主上气咳嗽，喘急，胸膈痞满"，且桃仁可润肠通便。李杲谓威灵仙"推新旧积滞，消胸中痰唾，散皮肤、大肠风邪"。两药相伍，上可治咳嗽，消痰唾；下可通便而利肺气，复其宣降。若此时兼有气滞，可酌加理气药（如枳壳、郁金等）以合桃仁行气活血宽胸；若还兼表邪，可加解表药（如荆芥、柴胡等）以助威灵仙宣散表邪。

（2）慢性咽炎：慢性咽炎属中医学"喉痹"范畴，历来为临床难治顽疾。遵"久病成瘀""久病入络"之古训，可知本病患者多有血瘀气滞的病机，视其咽部可见红肿而色偏暗，故加入桃仁、威灵仙两味。桃仁苦甘，李杲《用药心法》谓其"苦以泄滞血，甘以生新血，故凝血须用"；朱丹溪认为威灵仙"其性好走"，且"通十二经脉"（《海上集验方》），可通经络、导瘀滞、消喉痹。两药合用，共奏活血、通络、导滞之功，如此使血行则气行，瘀滞除而经络通，诸症自消。

30. 半夏－麦冬

半夏、麦冬相配，功能滋阴化痰、清虚热、降逆气。先生常用此组合来治疗阴虚肺痿。

肺痿之病，肺胃津伤，肺失濡养，以致肺叶枯萎。麦冬滋阴润肺兼清虚火，半夏燥湿化痰兼以散结。两药合用，麦冬使半夏不燥，半夏使麦冬不腻、润而不腻、补而不滞、燥不伤阴、潜虚火、降逆气。以治疗肺痿的代表方麦门冬汤为例，方中重用麦冬甘寒清润，既滋肺胃之阴，又清虚热，以治其本。佐以少量半夏降逆下气，化其痰涎，虽属辛温之性，但与大量麦冬相配则其燥得制，而麦冬得半夏则滋而不腻。正如《删补名医方论》谓："熟知仲景妙法，于麦冬、人参、甘草、大枣、粳米大补中气以生津液，又增入半夏辛温之味，以开胃行津而润肺，岂特用其利咽下气哉？顾其利咽下气，非半夏之功，实善用半夏之功也。"

31. 人参－远志－石菖蒲－茯苓

人参、远志、石菖蒲、茯苓同用有补气养心、安神益智之功。先生常用此组合治疗以下病证：

（1）失眠：远志味苦、辛，性温，性善宣泄通达，能开心气而宁心安神；石菖蒲辛开苦燥温通，芳香走窜，不但有开窍醒神之功，还能入心经，开心窍、益心智、安心神、聪耳明目；茯苓功能宁心安神，而又以茯神为良；人参乃补心养心之佳品，亦能补益肾气，斡旋于心肾之间，具有安神固精之效，与远志、石菖蒲、茯苓相配，使补心安神、交通心肾之力大增。历代医家也多有论述，如《本草新编》提到石菖蒲与人参配伍时说："凡心窍之闭，非石菖蒲不能开，徒用人参，竟不能取效。是人参必得菖蒲以成功，非菖蒲必得人参而奏效。盖两相须而两相成，实为药中不可无之物也。"人参与远志、石菖蒲、茯苓四药合用，乃《备急千金要方》定志丸，主治心气不定，五脏不足，甚者忧愁悲伤，匆匆喜忘。若人参、远志重用，则名开心散，主治"好忘"。后世医家也多有发挥，在此基础上进行加味。如《寿世保元》加味定志丸（人参、远志、石菖蒲、茯苓、酸枣仁、柏子仁），主治心气不足，恍惚多忘，或劳心胆冷，夜卧不睡。

（2）增强记忆力，用于治疗记忆力下降等病证：远志、石菖蒲、茯苓交通心肾、安神定志，三者既可合用，又可两两相配。《神农本草经读》曾对远志与石菖蒲进行比较："菖蒲性用略同远志，但彼苦而此辛……菖蒲秉水精之气，外通九窍，内濡五脏，其性自下以行于上，与远志自上以行于下者有别。"《本草蒙筌》则引《本经》注下所载："有服石菖蒲一十三年，身生长毛，冬袒不冷，日诵万语，牢记常全。今读书士，抑或取和远志为丸，朝夕吞服。盖因目击其说，欲假以开聪明、益智慧之一助也。"书中明确指出石菖蒲与远志合用有安神益智之功。《得配本草》则指出远志与茯苓相配有开心窍之效，谓远志"配川贝、茯神，除痰郁，开心窍。佐茯苓，入肾经以泄邪"。《本草备要》亦称远志"补心肾……得茯苓、龙骨良"。《本草新编》谓石菖蒲"能开心窍，善通气，止遗尿，安胎除烦闷，能治善忘……然止可为佐使，而不可为君药。开心窍，必须君以人参。通气，必须君以芪、术。遗尿欲止，非多加参、芪不能取效……除烦闷，治善忘，非以人参为君，亦不能两有奇验也"，"善忘之症，因心窍之闭耳。心窍之闭者，由于心气之虚，补心之虚，舍人参无他药也。不用人参以补虚，唯恃菖蒲以开窍，窍开于一时而仍闭，又何益哉。夫开心窍尚君以人参，岂治善忘而反遗人参能取效乎"。

32. 人参－蛤蚧

人参、蛤蚧相配有补肾纳气之功。先生常用此组合来治疗虚喘。

蛤蚧味咸性平，归肺、肾经，具有补肾益肺、纳气平喘、助阳益精之功。明·李时珍在《本草纲目》中对蛤蚧的评价极高，谓其"能补肺气，益精血，定喘止咳，疗肺痈消渴，助阳道。补肺气，定喘止咳功同人参；益阴血，助精扶羸，功同羊肉"。蛤蚧为血肉有情之品，质润不燥，兼入肺、肾二经，长于补肺气、助肾阳、定喘咳，为治疗多种虚证喘咳之佳品；人参则大补元气，既能益肺气，又能养肾气。如《博济方》所载的人参蛤蚧散，人参、蛤蚧共为君药，合奏补肾纳气之功，配伍茯苓、杏仁、甘草、桑白皮、贝母等可治疗肺肾气虚、痰热内蕴之喘嗽。《得配本草》则指出蛤蚧与人参相配乃临床常用药对，谓蛤蚧"配参、蜡、糯米，治虚寒喘嗽；配人参、熟地，补阳虚痿弱"。

33. 人参－葛根

葛根解肌退热、透疹、生津止渴、升阳止泻，人参大补元气。先生常用此组合治以下病证：

（1）热病、消渴、痘疮、麻疹：外感热邪、五志化火、滥服金石均可导致热病的发生，热乃阳邪，发展到一定程度可造成气阴耗伤。消渴、痘疮、麻疹因在发病、病机上有一些独特之处，古人常单独立论，但就其本质而言均为热病，且常有气阴不足。人参与葛根配伍，针对热病耗气伤阴，可发挥补气生津的功效。如《圣济总录》人参煎就是仅以人参、葛根两味药来治疗消渴。

人参为补气佳品，亦有生津之功，《本草正义》称"辽参禀性向阴，味甘而微苦，确含清凉性质……富于养液而为补阴之最"。葛根具有生津止渴之功，《神农本草经》谓其"主治消渴，身大热"。后世医家也对葛根能生胃中津液做了大量论述：一是认为葛根可直接生津液，填充胃阴；二是认为葛根可以其升散之性，鼓舞胃气，通过气化以生胃津，如张元素谓葛根"除脾胃虚热而渴"，吴仪洛称葛根"轻扬升发，入足阳明胃经，能鼓舞胃气上行，生津止渴"。

部分医家对人参、葛根的生津作用持怀疑否定的态度。就人参而言，因其品种混乱，原上党出产的五加科人参已在清以前绝迹，后世用的东北人参具有一定的温燥之性，多服甚则有动血的弊端；就葛根而言，清代医家叶天士所倡导的"葛根竭胃汁"可谓影响重大，认为葛根的升腾发散之性有耗伤胃阴的危险。但葛根与人参配伍至今在临床上还用于多种热病特别是消渴的治疗，究其原因是人参与葛根配伍可以增效减毒。葛根以其甘凉之功，可抑制人参的温燥之性；人参以其固涩之效，则能抑制葛根的发散之力。二者既能相辅相成，又能相反相成。

（2）脾胃气虚证：脾胃气虚证治疗当以补气健脾为首要。人参乃"大补脾胃之健将"。《长沙药解》曰："人参气质醇厚，直走黄庭而补中气。中气健运，则升降复其原职，清浊归其本位，上下之呕泄皆止，心腹之痞胀俱消。"脾胃气虚证常有脾不升清，气虚下陷的表现。人参亦具有补气升提之功，如徐灵胎在《神农本草经百种录》中说："盖人参乃升提元气之药，元气下陷，不能与精血流贯，人参能提之使起。"临床通过配用葛根，可加强人参这一作用。《药类法象》明确提出葛根乃治脾胃之药，谓其"治脾胃虚而渴"。后有医家认识到，葛根因辛散之力且又入脾、胃经，能鼓舞脾胃清阳之气上升，故具有升举清阳之功，如《神农本草经疏》就提到葛根"发散而升，风药之性也"，汪昂在《本草备要》中更是将葛根称为"治脾胃虚弱泄泻之圣药"。因此人参与葛根相配：第一，针对脾胃虚弱清阳下陷的病机，人参具有补气升提的作用；第二，人参配以风药葛根可以其升散之性，直接升发脾胃阳气，从而使下流之谷气得以升提；第三，风药疏肝，肝舒则有助于脾胃运化及气机升降，且"风能胜湿"，用葛根亦可祛除因脾虚运化无力而产生的水湿。故参、葛相配则益气升提之力愈大。人参与葛根配伍在金元时期还多用于内障昏花等五官科病症。

先生强调，葛根虽以升提之功助人参补益，但其也是一味解表药，可能会以其发散之力造成正气损伤。如张元素就提到葛根"不可多用，恐伤胃气"，陈士铎也说："葛根耗人元气，原在无形。天下有形之损其损小，无形之损其损大，不可不知也。"但通过配伍，以人参的固涩之力可以制约葛根的发散之性，从而达到增效减毒的目的。

（3）外感病证：外感病证当以发散法治之。葛根是一味治疗外感的要药，《名医别录》提到葛根"主治伤寒中风头痛，解肌发表出汗，开腠理"，且葛根力量平和，无论风寒与风热皆可选用，故在解表方中多用之。按照一般理论，外感病当忌补益之品，以免"闭门留寇"，但虚证外感例外。如气虚外感，正气本已不足，易导致外邪侵袭，若只图发汗，无疑会加重正气损伤。此时解表药的选用宜平和，葛根乃佳品；也可选用适量的补气药来扶助正气，如人参之类，既能助正祛邪，又能防邪内传。

（4）中风偏瘫、痹证、痿证：此类病证均有脉络不通的表现，日久均可导致气血阴阳耗伤。早在唐代，医家就已将葛根与人参配伍用于上述病证的治疗。针对正气耗伤，人参乃补气要药，与葛根配伍还能发挥养阴生津的作用。而葛根早在《神农本草经》中已被提到能治"诸痹"。因葛根具有升腾发散之性，能宣达上下，故使气血通畅，脉络得开。因此葛根与人参配伍可针对瘫、痹、痿进行治疗。

34.黄芪－金银花

黄芪、金银花相配，功能益气排脓、养阴补虚。先生常用此组合治疗以下病证：

（1）疮疡日久不愈：金银花为清热解毒之品，乃疮家之主药，诚如《本草求真》所谓"为外科治毒通行要剂"；黄芪善于排脓生肌，亦为疮家要药。二药合用，既能去其疮痛生长之由，又能排脓生肌而加速疮痛愈合。黄芪配金银花，益气之中兼解毒排脓、养阴补虚之功，补中寓泻，补不碍邪，且温而不燥，鼓舞气血生长而无助热之虞；金银花配黄芪，清热解毒排脓之中又具益气养阴之力，泻中寓补，泻不伤正，性寒而无凝遏之弊，疮疡属热毒蕴结、正气已亏者用之尤佳。

（2）热毒痈疽：金银花具有养阴生津之功，《本草备要》谓本品"养血止渴"，《医学入门》则提出其为"止消渴之要药也"。金银花与黄芪相配，具有益气养阴之效，同时又兼清热之力。《本草新编》曰："二花性实多攻，攻毒之药，未有不散气者也。而二花非为不散气，且能补气，更善补阴。但少用则补多于攻，多用则攻胜于补……若疑二花为长年益寿之药则不可。"痈疽因于热毒，病在营血，病后发渴，必是气血耗伤而余热未尽。金银花甘寒，既善清热，又能益阴营血，故宜于此证。

《中华医学大辞典》谓"（金银花）补虚……养血，止渴……性极中和，泻中有补"，黄芪甘温益气，二药同用，则益气养阴当无疑问。例如《鼠疫约编》四妙汤（生黄芪、当归、金银花、甘草），功能托里排脓，治痈疽、发背、肠痈、乳痈、无名肿毒，焮赤疼痛，憎寒发热。金银花配伍诸药以清热解毒医疮，黄芪益气以增解毒药之效，故宜于诸疮疖痈肿。

35. 黄芪－白芷

黄芪、白芷相配，功能托毒排脓、益气止痛。先生常用此组合治疗以下病证：

（1）外科疮疡：白芷具有消肿排脓之功，《日华子本草》谓本品"破宿血、补新血，乳痈发背，瘰疬，肠风痔瘘，排脓，疮痍疥癣，止痛，生肌，去面皯疵瘢"。白芷与黄芪相配，增强其托疮溃脓之功，广泛运用于外科疾病，《本草品汇精要》谓黄芪"合白芷、连翘，排脓止痛消毒"，《本草述钩元》谓黄芪"同白芷、白及、甘草、银花、皂角刺，排脓止痛"。代表方如《洞天奥旨》黄白僵蚕散（人参、黄芪、当归、厚朴、桔梗、白芷、僵蚕）主治瘰疬已破，久不收口，以及《疮疡经验全书》乌获追脓汤（黄芪、芍药、白芷、天花粉、蛤粉、白及）主治发背已成脓者。

（2）气虚外感所致的风湿痹痛、头痛等：白芷辛温，具有止痛通窍之效，《本草纲目》述其"治鼻渊鼻衄，齿痛，眉棱骨痛"，《本经逢原》则谓"白芷辛香升发，行手阳明，性温气厚，行足阳明，芳香上达，入手太阴，为解利阳明风热头痛，及寒热头风侵目泪出之要药"。黄芪益气，与白芷相配，可加强其止痛之效，祛邪而不伤正，扶正而不恋邪，使正复邪退，病可痊愈。代表方如《东垣试效方》白芷散（麻黄、草豆蔻、黄芪、吴茱萸、藁本、当归、羌活、熟地黄、白芷、升麻、桂枝）主治大寒犯脑，牙齿疼痛。

36. 白术－鸡内金

白术、鸡内金相配，功能健脾消食，开胃消积。先生常用此组合治疗脾虚消化不良。

白术甘温补中，苦温燥湿，能补脾燥湿、益气生血、和中消滞，《本草求真》言"其性最温，服则能以健食消谷，为补脾脏第一要药也"。鸡内金甘平、无毒，可生发胃气，养胃阴、生胃津、消食积、助消化，还可固摄缩泉、化结石，张锡纯在资生汤方解中说："鸡内金为鸡之脾胃，中有瓷、石、铜、铁，皆能消化，其善化有形郁积可知。"白术善补，鸡内金善通，白术多用、久服有壅滞之弊，故与鸡内金伍用，一补一通，通补兼施，使补而不滞，通而不伤正，健脾消食之功更佳。《医学衷中参西录》云："白术多服久服，亦有壅滞之弊，有鸡内金之善消瘀积者以佐之，则补益与宣通并用。"在临床使用时，需根据病情之侧重不同调整白术与鸡内金的用量：偏于脾虚者，应重用白术补脾气以固本；偏于饮食积滞者，应重用鸡内金消食化积以治其标；两者皆重者，两者用量应皆大且等量。

37. 山药－贝母

山药与贝母相配具有调肺化痰之功。先生常用此组合治疗久嗽不止，痰多咳嗽。

贝母因其根象肺，色白味辛，又产于四川，得西方金气最全，故能入肺润肺，治虚痰咳喘，如王好古谓之"乃肺经气分药也"，而《本草汇言》谓之"开郁、下气、化痰之药也，润肺消痰，止咳定喘，则虚劳火结之证，贝母专司首剂"。山药为四大怀药之一，味甘有汁，功专补脾，色白又得土中金气，故可入肺，如《药品化义》载："山药，温补而不骤，微香而不燥，循循有调肺之功，治肺虚久咳，何其稳当。"贝母清热化痰为标，山药调肺化痰为本，且山药兼顾补脾肾，有利于病情改善及正气的恢复。二药合用，一清一补，共奏调肺化痰之功。若虚劳咯血，咳嗽痰多，先生多配伍百合、人参、麦冬、茯苓、甘草、鹿角胶、杏仁。

38. 山药－麦冬

山药与麦冬相配，具有养阴生津、润肺止咳、美容等功效。先生常用此组合治疗以下病证：

（1）阴虚咳嗽：久咳伤阴或热病后期，肺阴亏耗，肺失濡养，肺失宣降，发为咳嗽。山药滋阴润肺，补气养阴，气阴双补，《医学衷中参西录》曾记载张锡纯重用山药治愈一温病痰喘患者，并谓其"乃滋补药中诚为无上之补品"。山药还可健脾养胃，且富有营养，用于肺阴虚之咳喘，有补土生金之意。麦冬善滋阴润肺、退虚热，《本草便读》谓其"甘苦而寒，专入肺、胃，以其柔润多汁、故最能养阴退热"。故二药配伍，相须为用，共奏滋阴降火、润肺止咳之效，为治疗肺阴虚之咳喘的不二之选。《证治汇补·咳嗽》也有山药与麦冬配伍治疗咳嗽的运用，且云："肾虚水枯，肺金不敢下降而胀者，其症干咳烦冤，宜六味丸加麦冬、五味。"

（2）消渴：山药具有补脾肺肾之效，张仲景善用其治疗虚劳、消渴及小便不利证，如《金匮要略》中肾气丸、栝楼瞿麦丸。麦冬既能清热，又能滋阴生津，治内热消渴，以中、上二消尤宜，《名医别录》谓之可治疗"……虚劳客热，口干烦渴"等症,《本草正义》言"麦冬寒润,补阴解渴,皆为必要之药"。凡各种内外因素所致火热之邪,均可上灼于肺,使肺失治节,而使上焦失雾露之溉,机体失于津液濡养而致消渴,故治疗当以清润肺阴为主。山药补气养阴,麦冬滋阴清热,两者相配治疗消渴,可谓相辅相成,协同增效。同时,麦冬性寒,山药性平、微温,两者又相反相成,麦冬得山药则可制约其寒性伤阳,山药得麦冬则可制其温补滋腻。

（3）美白肌肤:《素问·六节藏象论》说"肺者……其华在面,其充在皮毛"。山药色白入肺,滋养肺之气阴。金元四大家之一的李杲云:"皮肤干燥,以此物（山药）润之。"麦冬滋补肺阴,《名医别录》谓之"定肺气,安五脏,令人肥健,美颜色",《本草新编》谓之"美颜色,悦肌肤"。因此,山药与麦冬滋阴相须为用,相得益彰,山药还可补脾肾以养先后天,麦冬还可清心以养君主,四脏并调,补泻同施,共奏滋补肺阴以养皮毛之效,从而间接养颜,实为治本之法,与其他各类化妆品遮盖皮肤的治表之法存在本质的区别。

（李凌峰）

学术思想

川派中医药名家系列丛书

邓中甲

一、尚"和"论

中国古代哲学以儒、道、佛三派为主要支柱，三者各有不同的价值取向，但从全局来看也有共同之处，都体现了"中和"二字。胡孚琛先生有言，"中国哲学的中心思想就是一个'中'字"，"（中）最能代表中华民族智慧的学说"。道中之"德"即以"中和"为基本特征，"和"为"中"，"中"又为"和"，"中""和"二字的含义相通。《老子》中有"多闻善变，不如守中"（第五章），"道，中之用，或不盈"（第四章），"知常为和""和之至"；《庄子》讲"和之以天倪""游心乎德之和""以和为量"。到《老子》"万物法自然，中气以为和"（第四十二章）（注：诸多版本作"冲气以为和"，"冲"为"中"的通假字），则将"中和"连用作为"中"的注释。儒家的哲学理念中，"和"也是非常重要的概念，且承于道家，如《中庸》载"中也者，天下之大本也""喜怒哀乐之未发，谓之中；发而皆中节，谓之和。中也者，天下之大本也；和也者，天下之达道也。致中和，天地位焉，万物育焉""中以为志"等。然二者又有不同：儒家的"中和"注重从社会伦理的层面展开，可理解为不偏不倚、无过无不及的"中庸"之道；佛家的"中"则理解为"空""无"。道学中的"中和"有四层含义：一是从事物规律上讲，"中"即为"正道"，为自然必由之路；二是从事物变化上讲，"和"即为"度"，为一定的界限；三是从空间上讲，"中和"含有"生化"之意；四是从时机上讲，"中"即为"机"，为"不得已"而为之。

（一）"和"法溯源

中医学在漫长的积累发展过程中，将古代哲学思想创造性地融入中医学术体系，也继承了传统文化中的尚"和"思想。《内经》就是援"和"入医的代表作，通篇闪耀着尚"和"的光芒。

《内经》从"道"的高度来把握"和"这一正常状态，其准则是"法于阴阳，和于术数"。如对于阴平阳秘的动态平衡，《内经》强调"阴阳之要，阳密乃固""阴之所生，和本曰和"；对于病态之由来，强调原因在于违"和"。就人体外在因素而言，是"上下相通，寒暑相临，气相得则和，不相得则病"；就人体内环境而言，是"血气不和，百病乃变化而生"。人体的病态，归根结底，在于阴阳"两者不和，若春无秋，若冬无夏"。至于治疗，则是以"必先岁气，无伐天和"为前提，或"疏其血气，令其条达，而致和平"，以及针灸中"迎之随之，以意和之"。所有这些，总则仍在于"因而和之，是谓圣度"。

此外，古代尚"和"思想在《内经》的各个具体层次都有充分的体现，其内容涉及气候、环境的天地之和，气候、环境与人类的天人相应之和，人际之间的人和，人身的阴阳之和、气血之和、脏腑之和、情志之和、营卫之和、表里之和、劳逸之和、饮食之和等内容，从而为后世医学广泛应用尚"和"思想、创建"和法"奠定了坚实的基础。中医基础理论与传统文化尚"和"思想一脉相承，治法、方药也同样如此。

（二）"和法"释义

邓铁涛教授讲过："我国朴素的辩证唯物主义，是中国文化大系统中，唯有与医学结合，在医学领域中得到不断的发展，而且发展得很好。"其中朴素的辩证唯物主义主要是指道家的唯物观。古人有"医易同源""医哲同理"之说。按照这种说法，"和法"之"和"的含义应当是哲学中"中和"含义的实际运用，因此理解道家"中和"的内涵是理解"和法"的关键所在。宋·李荣《老子注》中对"中和"二字做了阐释："借彼中药之道，以破两边之病。"所谓"两"应有两种理解：一是实指两边，与一相对；二是多，与少相对。下面将其分为狭义和法、广义和法和相对和法进行论述。

1. 狭义和法

金·成无己在《注解伤寒论》中首次提出了"和解少阳"法，即专门针对少阳证，尤指小柴胡汤。少阳证，位于半表半里，正邪相争于此，汗下非所宜，唯有和解一法乃治疗之"正道"，后世医家又将和法拓展为治疗肝脾、胆胃、肠胃、寒热、虚实、表里不和等。如任应秋《中医各家学说》曰："所谓和法，实具调理之意，故亦有称为和解者。"蒲辅周《蒲辅周医案》言："和解之法，具有缓和疏解之意。"周学海《读医随笔》说："和解者，合汗下之法，而缓用之矣。"

将其特征归类，可以分为三类：一为兼顾两个脏腑，如调和肝脾、调和肠胃、调和胆胃等；二则针对两种不同病邪相兼为病，如调和寒热、补泻兼施、表里同治等；三是针对半表半里，如和解少阳、治疟疾等，这即为和法的概念，其中和解少阳法被认为是狭义和法。

2. 广义和法

"八法"中的汗、吐、下、温、清、消、补七法，每一法所针对的都是单一的证，如汗法针对表证、吐法针对上焦有形实邪证、下法针对部位偏下的里实证、温法针对里寒证、清法针对里热证、消法针对逐渐形成的有形实证、补法针对虚证。但临床上，病证的病机是多种多样、复杂多变的，可以是单病机，可以是双病机，也可以是更加复杂的病机，如果单纯以针对证单一的治法来适应变幻万千的病机，显然不能全面应对，多病机应该以多治法相对应，由此衍生了广义和法。广义和法包括两层含义：

（1）代表多种治法的组合：前文有"借彼中药之道，以破两边之病"之论，此"两"字有两种内涵，其中一种便为"多"，提示和法本质为多种治法的组合使用。如张介宾所言："凡病兼虚者，补而和之；兼寒者，温而和之；兼热者，凉而和之，亦犹土兼四义，其于补泻温凉而无所不及，务在调平元气。"程钟龄说："有兼表而和之者，有兼攻而和之者……"周学海提出"和法"适用的是"杂合之邪"，"升者、降者、敛者、散者，积于一偏而不相浃，宜平其积而和之"。这与临床相吻合。治法的组合使用，使得其所针对病证由单一病机、两种病机，拓展到多种病机所致病证，且这些不同病机往往是相反的。《景岳全书·新方八略》讲道："和之为义广矣……能因类而广之，则存乎其人矣。不知此义，又何知和剂之足云。"其意是强调不能机械地理解和法，应在基本要义上明知变通。这里所说的和法就为和法的变通和拓展。所以，广义和法方剂多为合方，正如周学海所言："和解之方，多是偶方、复方，即或间有奇方，亦是方之大者。"可见，和法方剂的组成比单一法更加复杂。而一些医家提到的"和"，如张介宾"清而和者""温而和者""消而和者""补而和者""燥而和者""润而和者"等都不是指和法，而是指清法、温法、消法、补法等治法，之所以冠以"和"之名，就是为了说明这些治法使用的最终目的是"使人和"。

（2）组合式多种治法的"生化"过程：在"和"的含义中提到，"和"有"生机""生化"之意。"和"与"七法"同称，提示"七法"是主干，从这个主干基础可以进行"生化"过程，从单纯"七法"中采取不同的组合，可以"生化"出成百上千种不同治法。《景岳全书·新方八略》言："和之义则一，而和之法变化无穷焉。"蒲辅周亦言："知其意，灵通变化，不和者使之和，不平者使之平。"在病位方面，上与下、表与里、内与外都是相反的；病性方面，寒与热、虚与实也相反；病势方面，缓与急，亦无不相反。就单一病位、病性、病势而言，治法理应单一，但相反病机合而致病时，复杂治法又在所必行。如此而言，两种甚至多种治法合用就不得已而行之，这就是道家"和"含义的第4种：从时机上讲，"中"即为"机"，强调"不得已"而为之。在组合生化的过程中，组合的各个单元既要保持原始的特性，又不能全其特性。如解表清里的防风通圣散，防风、麻黄等解表，黄芩、大黄、石膏等清里，解表的发散之性与清里的苦泻之性，一阴一阳，各行原始功效，又互相受到制约，可谓"不能全其特性"。所以，生化的过程，实际上是"七法"按照需要组合成新法的过程。

3. 相对和法

《金匮要略·痰饮咳嗽病脉证并治》中提出治疗痰饮病的原则，即"病痰饮者，当以温法和之"，表明痰饮病的治法是"温法"，是"和之"。这是不是提示"和法"包含了"温法"呢？此之温法实为"相对和法"，如麻黄汤和桂枝汤均是辛温解表的代表方剂，在治法上是"汗法"的代表。麻黄汤中麻黄、桂枝配合，使全方发汗功效峻猛，针对外感风寒表实证，因此称为"发汗峻剂"；桂枝汤没有麻、桂组合而单用桂枝为君，并且与具有收敛之性的芍药相伍，因此发汗作用相对较弱，针对风寒表虚证，所以称为"发汗和剂"。后世也屡有将桂枝汤列入"和解剂"者。这两个方剂体现的治法相似，但前者效峻而后者效缓。相对于麻黄汤来说，桂枝汤便是"和剂"；同理，张元素在《医学启源》中有"解利外感"之说，所谓"解利外感"又称"解利伤寒"，实际上可分为"解"伤寒和"利"伤寒，前者即用羌活、防风、荆芥等针对相对较轻之风寒外感，后者则是用麻黄汤针对较重的风寒外感，前者相对于后者而言，即为"和"。《伤寒论》三承气汤中大承气汤、小承气汤相比，后者即为"和剂"。再如治疗痰饮方十枣汤和肾气丸：十枣汤主要由甘遂、大戟、芫花组成，利水功效卓著而峻猛，针对痰饮停于胸胁而又体质壮实者；肾气丸既有"三补"干地黄、山茱萸、山药，又有"三泻"

牡丹皮、泽泻、茯苓，还有"少火生气"之桂枝、附子补泻兼施、阴阳双补的特点，但祛除水饮的作用弱，针对因肾阳虚而导致的水饮，比较而言，后者为祛除水饮之"和剂"，所以张元素才说，"和之"其意绝非说温法隶属于和法，只是说温药不可太过，亦非燥之、补之，过燥伤正，而应以和为原则，寓调和人体阳气，实为治本之法。二者比较，后者当为"和剂"。

所谓"相对和法"，是指同一治法或两种不同治法在针对相似病证时，如果二者在功效上有所差异，那么较弱、较缓和者即为相对和法。相对和法不属于"八法"，但它体现了"和"的含义之一，即"缓和"。

（三）"和"法使用的"度"

和法以祛邪为主，兼顾正气，既疏表又清里，既开郁又降逆，无明显寒热之偏，性质平和，作用和缓，所以应用范围广泛，适应证复杂，是临床使用最为广泛的一类治法。尽管如此，临床上还是有一个度的问题，蒲辅周先生对此告诫我们"和法，和而勿泛""和法使用范围虽广，亦当和而有据"，汪昂也说："有不当和而和之者……则误人非浅。"临床上必须做到"有是证、用是方"，方、法、证必须合拍，方为"正道"。联系前面提到的"和"字即为度，不要超过一定限度的内涵，提示和法还涉及"度"的问题。

（四）"和"法与中医方药配伍

方从法出，药为方统。理法尚"和"，势必方药亦然。中药以草为本，习称本草，草本之性，与人殊体。以草木为药，药质入人肠胃，何以能如人之所欲，调和阴阳，和其不和？这就需要首先通过对药性的调和来实现对人体阴阳的调和，比如中药的五味化合及七情合和，其次是方剂组方之君臣佐使的基本结构及方药配伍技巧。中医遣药组方时，正是依靠君臣佐使这一基本结构，才做到了主次分明，全面兼顾，扬长避短，和衷而共济。如其中佐制药、反佐药的使用，可谓独具匠心。诚如《医原》所说："用药治病，开必少佐以阖，阖必少佐以开，升必少佐以降，降必少佐以升。或正佐以成辅助之功，或反佐以做向导之用。阴阳相须之道，有如此者。"实际上，君臣佐使之和谐正是尚"和"思想在方剂结构上的具体体现。

关于方药配伍技巧，则是在功效上尚"和"。如半夏泻心汤中黄连、黄芩与干姜，寒温并用，以调和寒热；小青龙汤中干姜、细辛配五味子，散收相配，使散不伤正，收不留邪；麦门冬汤以麦冬配半夏，二者润燥得宜，滋而不腻，燥不伤津；黄土汤中以白术、附子配阿胶、生地黄，刚柔相济，实乃阴阳相和之道；四物汤用当归、川芎之动以活血，配地黄、白芍之静以养血，动静结合，使补血之中有行血之用；另外，如济川煎中升麻与泽泻，升降兼施，从而使清阳升而浊阴自降；其他还有诸如气血兼顾、通涩并行等诸多配伍方法。君臣佐使的和谐结构与方药配伍的调和技巧，既最大限度地利用了中药个体的药性药效，又灵活可靠地调控使用了中药群体的综合功效。这些与古代哲学"和"的蕴意相吻合。总体上体现了"和而不同"，传统文化中的"和"思想及"致中和"的治道，正与医道心有灵犀一点通，如清代著名温病学家柳宝诒就将自己的药铺和诊堂冠名为"致和堂"。

二、方药共荣论

纵观中医药发展史，存在着方剂与中药互相促进、共同繁荣的现象。在最早的本草书籍中，对中药功效的认识多为单味中药的直接作用，随着方剂在临床的运用日趋丰富，后世医家对中药功效的认识不再局限于直接功效，而是更多地掌握了间接功效（配伍后产生的功效）。随着本草书籍对中药功效记载的细化和深入，之后的医者在遣药组方时，对方剂配伍结构的运用往往能突破前人之见，所创处方更灵活多变。分析中医药学的发展过程，即能看出药物功效的探索发现与方剂的实际运用，它们之间既各自积累又互相促进，既相对独立又互依共荣，这种现象，先生称为"方药共荣"。方药共荣的发展轨迹包括 4 个时期，即重药轻方时期、方药共荣初期、方药共荣快速发展时期、方药共荣鼎盛时期。

（一）重药轻方时期

历史上复方配伍形式的出现最早见于《左传》："鞠芍、麦曲，治河鱼腹疾。"但西汉之前，中药的使用主要还是以单味中药为主，如《五十二病方》中所收载的方剂，绝大部分属于单味药或两味药组成的范畴，在方药的功用和配伍方面记载很少。由于缺乏复方配伍技巧等增效解毒手段，药性单一，所以药物的副作用比较明显。当时《论语》中提及，孔子生病了，有人给他送药，子曰："丘未达，不敢尝。"《尚书》中说："若药弗瞑眩，厥疾弗瘳"，意为吃药如果没有头昏胸闷这种反应的话，病就不会好。当时的人们错误地认为，吃了中药以后就会有副作用，《礼记·曲礼下》记载："君有疾，饮药，臣先尝之；亲有疾，饮药，子先尝之。"臣子、子女要为君王或父母尝药试毒。《谷梁传·昭公十九年》云："许世子不知尝药，累及许君也。"之后的儒家都把许世子作为不忠不孝的典型来批判。这些文献和记载，都充分说明了人们对中药毒副作用的畏惧。在这种畏惧思想的影响下，战国以前的治疗手段多以针灸、气功、导引、按摩等为主，而中药被统称为"毒药"。如《周礼》："医师，聚毒药以供医事。"到了《黄帝内经》成书时期，书中对组方用药的配伍法度及禁忌做了一定的论述，首次提出君臣佐使的组方基本结构要求，书中记载方剂 13 首，其中 5 个为单方，剂型包括汤、膏、丸。随着中医理论和方剂运用的发展，人们对中药毒副作用的控制取得了进步，所以在西汉后期，人们把对中药的称呼从"毒药"改为"本草"。"本草"一词最早见于《汉书》，共出现 3 次。《汉书·卷二十五·郊祀志》："侯神方士使者副佐，本草待诏，七十余人，皆归家。"颜师古注曰："本草待诏，谓以方药本草而待诏者。"这一记载表明，当时本草家已进入宫廷，并已取得一定的学术地位。《汉书·卷十二·平帝纪》载："征天下通知逸经、古记、天文、历算、钟律、小学、史篇、方术、本草，以及五经、论语、孝经、尔雅教授者，在所为驾，一封诏，遣诣京师，至者数千人。"此言表明，当时已将本草与天文、历算等学科和经典著作并列，并作为一门学科设置教学，而研究本草的学者也稍有规模。《汉书·卷九十二·游侠传》云："楼护，字君卿，齐人。父世医也，护少随父为医长安，出入贵戚家。护诵医经、本草、方书数十万言，长者咸爱重之。"这一史料反映出，本草已和理论性的医经、方术明显分离开来，作为医学中一门独立学科而存在。"本草"一词的出现，从"毒药"到"本草"这种名称的改变，反映出中医药学的不断进步。但总地说来，此时的中医药学仍处于重药轻方阶段。

（二）方药共荣初期

东汉时期，张仲景著《伤寒杂病论》，使用药物 166 种，载方 323 首。其方剂在配伍应用及药物性能的加减变化上，具有严谨的法度和技巧，在药量、剂型、服法等各方面都有很大的飞跃。书中出现了大量常用的配伍组合，对后世影响甚深，故被称为方书之祖。

唐代孙思邈著《备急千金要方》（简称《千金要方》）和《千金翼方》。《千金要方》全书 30 卷，共计 232 门，载方 5700 多首，方论 3500 首。《千金翼方》全书 30 卷，计 189 门，合方、法、论共 2900 首。孙思邈把汉代之后散在很多著作中的医方和自己的经验方收集起来，而且突出了脏腑辨证和病证结合的分类，对脏腑治法有很大贡献，可谓集唐以前医方之大成。此外，孙思邈对药物学的认识也是非常丰富的。《千金翼方》前 4 卷即为专门研究药物的文献，记载了 11 种药物的性味、功能、主治、别名、产地及采集、炮制等内容。孙氏认为，药物的规范采集、炮制、贮藏及产地等，均有非常重要的意义，还指出重视采药时节的意义："夫药采取不知时节，不以阴干、暴干，虽有药名，终无药实，故不依时采取，与朽木无殊，虚费人功，卒无裨益。"（《千金翼方·卷一》）孙氏对炮制做了很多精辟论述，其中就提到对乌头、附子的炮制，强调"此物大毒，难循旧制，凡用乌头，皆去皮熬令黑，乃堪用，不然至毒人，特宜慎之"（《千金要方·诸风》）。孙氏在道地药材和理论总结上的突出成就主要体现在《千金翼方·卷一》设"药州出土"篇，专题论述道地药材，总结了当时 133 个州的 519 种药物。如绵州出天雄、乌头、附子、乌喙、侧子、甘皮、巴戟天，龙州（今平武一带）出侧子、巴戟天、天雄、乌头、乌喙、附子等。

隋唐时期经济文化蓬勃发展，海陆交通发达，海外药物不断传入，加之唐代政府重视药物学发展，有专人从事药物引种和栽培，培养药学人才，促进了药物学的进步。其中较重要的本草著作有《新修本草》《本草拾遗》《食疗本草》《食性本草》和《海药本草》等，其中陈藏器在《本草拾遗》中首次收载了方剂，开了本草书收载方剂的先河。陈氏在《本草拾遗·序》中提出了著名的"十剂"之说："诸药有宣、通、补、泄、轻、重、涩、滑、燥、湿，是药之大体，而《本经》都不言之，后人亦所未述，遂令调合汤丸，有昧于此者……只如此体皆有所属，凡用药者，审而详之，则靡所遗失矣。"其系统地以药效来分类，在当时是创新之举，对临床辨证用药有重大的指导作用，并且丰富了方剂学的基本内容，凸显了本草与方剂互相融合的特点。

隋唐时期国富民强，与外界的医药交流相当频繁，在盛世修典的风气下，当时的本草著作记载了很多其他民族和地区的药物学知识，具体表现在以下方面：①吸收少数民族医药经验。如《本草拾遗》中收录了很多产自岭南地区的药物如枸橼、骨碎补、黄龙眼、含水藤等，并论述了其功效主治。《海药本草》中记载了部分壮族地区药物，如钗子股、蛤蚧等，特别是对蛤蚧的记载尤为详细："蛤蚧，俚人采之……力在尾，尾不全者无效……无毒，主肺痿上气，咯血、咳嗽、并宜丸散中使。"《岭表录异》为一部反映壮族风土人情的著作，虽非本草学著作，但其收录的部分壮药有一定的参考价值，如记载槟榔祛瘴病、山姜（山奈）以盐藏暴干、煎汤饮治冷气等。②吸收海外医药经验。《本草拾遗》和《海药本草》记载了朝鲜产的延胡索、白附子、海松子等。《唐本草》和《本草拾遗》记载了从越南输入的药物有丁香、白茂香、庵摩勒等，从印度作为贡品输入的药物有阿魏、龙脑、丁香等，从阿拉伯传入的药物有密陀僧、乳香、没药、安息香、胡黄连、沉香、诃子、芦荟、琥珀、补骨脂、苏合香、牛黄、犀角、狗宝等；《唐本草》中记载从昆仑（唐代泛指中印半岛南部及南洋诸岛，同时包括今部分非洲国家）传入的药物有木香、益智仁、肉豆蔻、槟榔、檀香等。

自东汉到隋唐时期，随着临床上大量方剂和外来药物的使用，使医家逐渐掌握了复方配伍的技巧，能较好地控制中药的功效发挥方向和减少其毒副作用，此时的方剂学已经融理、法、方、药于一体，取得了蓬勃的发展。

（三）方药共荣快速发展时期

宋金元时期，由于宋代重视医药，开设国家药局，刊行大型方书，中医药得到了蓬勃发展。很多文人均崇尚医学，如范仲淹云"不为良相，当为良医"，王安石、苏轼、沈括等皆通晓医学。而且，宋代"理学"和"新学"不同哲学流派的长期争论，对医学理论有相当大的影响，成为当时医学界学术氛围空前活跃的缘由之一。此后的医家开始重视医理、药理的研究，其中成无己的《伤寒明理论》开方论之先河，探讨方剂中药物的配伍关系，为后世方药及配伍的深入研究开拓了新的途径。

以金元四大家为代表的众多医家总结了很多配伍规律，从配伍当中观察到药物的新功效。以柴胡为例，在《伤寒论》中，柴胡的功效主要是解表散邪，多与黄芩相配；到唐代时，有医家开始使用柴胡和芍药相配来调肝疏肝；而柴胡和升麻并用升举清阳的用法，则是到了金元时期才由李杲提出的。自此之后，柴胡的升阳举陷功效才被总结在本草书中，为后世医家对柴胡的应用提供了更好的指引。又如天麻，《本经》仅言其"主恶气，久服益气力，长阴"，至《药性本草》始称"治冷气顽痹，瘫缓不遂，语多恍惚，多惊失志"，《开宝本草》补充了"主诸风湿痹，四肢拘挛，小儿风痫惊气"，直至金元时期，张元素才指出，天麻"治风虚眩晕头痛"。古代医家对药物功效的认识在历史长河中的逐渐完善，充分体现了方剂和本草在配伍应用中相互促进和发展的特点。

（四）方药共荣鼎盛时期

明代的本草专著频频面世，方论亦蔚然成风。以《本草纲目》为例，这本以研究本草为主的专著里，收载药物 1892 种。其中对药物的认识又有了新进展，对药物功效的总结也最为丰富。以僵蚕为例，《本经》原称其"主小儿惊痫夜啼"；《图经本草》则指出其可治"急喉痹"；《医学启源》言其"去皮肤间诸风"；《本草纲目》进一步指出，僵蚕能"散风痰结核"。再以中药黄柏为例，早在金元时期，张元素、朱丹溪等就将其配伍知母以滋阴降火、清虚热，方如大补阴丸、虎潜丸等。但直至《本草纲目》一书中，方明确提出知母和黄柏的配伍意义，"古书言知母配黄柏，滋阴降火，有金水相生之义，黄柏无知母，犹水母之无虾也"，生动地阐释了两者的配伍关系。《本草纲目》收载的附方和单方超过 1 万首，把方剂和本草密切地联系了起来。此外，同期的其他本草著作中也有很多关于如何通过配伍技巧来控制中药功效和发挥方向的描述，通过配伍在方药之间起到的桥梁作用，充分地促进了方药的共荣进程。

清代的医家非常重视药物使用的配伍关系研究，包括综合因素控制功效方向、讲究配伍技巧等，第一本中医药配伍专著《得配本草》也于此时问世。书中明确提出，配伍环境不同，药物功效发挥方向也不同，如："川芎，得细辛，治金疮；得麦曲，治湿泻；得牡蛎，治头风吐逆；得蜡茶，疗产风头痛；配地黄，止崩漏；得参、芪，补元阳（理气之功）；配薄荷、朴硝，为末，治风热上冲；佐犀角、牛黄、细茶，祛痰火，清目疾。"

　　方药配伍环境被认为是影响药物功效发挥方向的最主要因素，自此开启了方药配伍环境研究的新纪元，标志着方药共荣进入鼎盛时期。

三、因时制方论

　　中医制方用药讲究三因制宜，因时、因地、因人制宜。由于中国古代气候处于变迁过程当中，制方用药思路也在不断变化，先生根据"因时制宜"的制方原则，阐释了中医学中的汗法随着时代变迁的制方内涵变化。先生认为，气候变化、时代变迁是影响解表方剂制方思想的重要客观因素。大体而言，处于寒冷时期主要产生辛温解表剂，而温暖时期主要产生辛凉解表剂。

（一）辛温解表剂因时论

　　辛温解表剂可划分为麻桂剂和羌防剂。前者主要产生于东汉气候寒冷的时期；后者则经历了晋唐萌芽、宋金元成熟的沿革过程，主要产生于气候相对温和但比较潮湿的气候背景之下。

1. 麻桂剂

　　从气候特点来看，东汉建安末年气候寒冷，如《金匮要略·脏腑经络先后病脉证》所言："以得甲子而天大寒不解，此为至而不去也。"在这种情况下，表寒证以重者常见，所以，在立法上以峻汗与之对应。

　　表证首先基于风邪，风为百病之长，多兼夹寒、湿、热、燥等邪。隆冬时节，冰寒彻骨，风为"大刚风"（《灵枢·九宫八风》），"大刚风"为北方之风，《灵枢·九宫八风》云："风从所居之乡来为实风。"张仲景所处河南为黄河流域中心地带，因之，此风为"实风"。风寒袭人，首先犯表，次传于里，太阳为身之藩篱，因此风寒表证是太阳病的主要证型。太阳病的主要治法是解表法。寒性收引，腠理闭塞，卫阳抑遏，不得伸展。"大刚风"的收引更甚，腠理闭塞、卫阳抑遏的程度亦高。所以，非强开其腠，外邪不得出，卫阳不复其职。后世孙思邈、喻昌、成无己等用"三纲鼎立"来概括经方。"三纲"者，麻黄、桂枝、青龙也，可见三方的重要性。

　　至于麻桂剂的基本特点，从配伍来看，麻桂剂中，麻黄、桂枝是基本发汗解表组合，麻黄为峻汗之品，可解卫分之郁，桂枝温分肉、通经脉，解肌开腠。麻、桂从不同层次发挥解表效应，所以合用则发汗解表功效更强。经方中，麻、桂合用者较多，这就充分适应强开腠理的要求。正如张介宾《景岳全书·新方八阵·散阵》所言，"盖麻黄之气峻利而勇，凡太阳经阴邪在表者，寒毒既深，非此不达，故制用此方，非谓太阳经必须麻黄也"，"麻黄、桂枝，峻散者也"。从服用方法来看，经方解表剂在用法上大都注明"覆取""啜热稀粥"等，可见特别强调汗出，这与后面将提到的羌防剂及辛凉解表剂是有区别的。如九味羌活汤的用法"若急汗，热服，以羹粥投之；若缓汗，温服，而不用汤投之也"（《此事难知》）就没有特别强调汗出。

　　阳加于阴谓之汗，汗为心之液，汗之生成、排泄都与心阳、心气密切相关。柯韵伯认为"营卫行于表，而发源于心肺，故太阳病则营卫病，营卫病则心肺病矣"，故而"心肺为太阳之里"（《伤寒论翼·太阳病解第一》）。《素问·金匮真言论》说："南方赤色，入通于心……其类火。"《灵枢·阴阳系日月》言："心为阳中之太阳。"王冰对此注释说："阳气盛大，故曰太阳。"《素问·六节藏象论》说："夏者……通于心。"从以上论述来看，太阳表证除了肺外，心的病变也是不可忽视的，突出表现在心所主之血脉凝滞。从药物归经来看，张仲景使用的解表药物中，桂枝归心、肺、膀胱经，细辛归肺、肾、心经，附子归心、肾、脾经，干姜归脾、胃、肾、心、肺诸经，其共同特点是都可归心经；而麻黄的主要成分之一麻黄碱可使心肌收缩力增强，输出量增加，似乎也有归心经的趋向，但目前尚未检索到相关的文献明确指出这一点。张仲景在解表药物中做如此选择，一定程度上强调鼓动心阳以促进发汗。可见，麻桂剂的创方基本出发点是针对寒冷气候条件下的风寒重症，同时也体现了"伤寒汗不厌早"的思想。所以，治疗表证时，治心也是不可忽视的一法。心属火，对应于夏，夏为热，热可制寒，故治寒以热也可看作是以夏气制冬气，是"中医治疗就是时间治疗"的具体体现。刘渡舟教授认为，因吹空调而临床表现为恶寒、发热、身痛、无汗、气喘、脉浮紧等，与伤寒表实"麻黄八症"极为相似，故称其为空调伤寒，以与正伤寒相区别，因其与正伤寒在临床表现、病机上大致相同，治当非麻黄剂莫属。二者的看法有异曲同工之处。

　　温阳解表法亦诞生于大寒之时。寒有外寒、内寒之分。外寒指外界寒冷之气而言，由外而入，因其所伤部位不同又有伤寒、中寒的区别。中寒属于外入之寒者，治则温必兼散；阳虚外感者，内生、外入之寒兼而有之，治则温必兼补。二者都属于扶正解表范畴。《伤寒论》中麻黄附子细辛汤、麻黄附子甘草汤均为名方，也是温阳解表方剂之滥觞。麻黄附子细辛汤在《伤寒论》中用于治疗太阳伤寒，少阴阳虚之恶寒发热、肢冷嗜卧、脉沉迟之证；麻黄附子甘草汤主治与前方相似，也用于少阴阳虚，风寒外感所致的恶寒身疼、无汗、微发热、脉沉微者，或水病身面浮肿、气短、小便不利、脉沉而小者。比较而言，后方病轻势缓。正像风寒表证与风寒直中以及阳虚外感在病机病理上密切相关一样，辛温解表法和温阳解表法一母二子，均由大寒、大疫所孕育、催生。

2. 羌防剂

　　羌防剂是辛温解表剂中的另外一种组方思路和模式，与麻桂剂特点有所不同，产生的气候背景相异。所谓羌防剂，是以羌活、防风等为主要结构所组成的解表方剂，是在麻桂剂之后产生的另一类辛温解表剂。

　　（1）羌防剂肇始于晋，发展于唐：两晋和唐代在方剂整理、收集最有成效者当数葛洪《肘后备急方》及王焘《外台秘要》，将其全部解表方检出，可以看出以下3个特点：①麻、桂比例仍然很大，但不占统治地位。从解表多用麻黄、桂枝这一点来看，葛洪之方有明显的经方痕迹。葛洪生活年代与张仲景相距不过百年，气候是从东汉末极其寒冷的时期过渡而来，但已较为温和。唐代更是气候温暖潮湿。医家在以麻、桂为主组方同时，多配伍清热泻火解毒药物，已构成辛凉解表剂之辛温加寒凉模式，与麻桂剂有距离；同时，《肘后备急方》温里类药物的使用频率明显降低，唐代解表方中附子占的比例较重，多用于山岚瘴气、天行时疫之类疾病。在这些药物中，虽受制于仲圣，但明显更加适用于温和气候特点下的外感。②解表药物的使用上也明显更加丰富，出现葱白、豆豉等辛、微温药物。在晋唐解表方剂中，葱白、豆豉两种药物的使用属于发端，而且使用频率高。葛洪《肘后备急方·卷二》提出"伤寒有数种，人不能别"，表明此时对寒性外感的细致化认识的倾向，已经区别于张仲景所认识的气的大寒。葛氏制方葱豉汤，构成辛温解表之轻剂，适用于外感风寒表证，是对风寒表证治疗的补充和发展。唐代王焘《外台秘要》中还收载了《肘后备急方》中伤寒解表方 7 首,除葛洪葱豉汤原方 1 首外,其他 6 首均为葱豉汤的变方。可见,葛氏的葱白、豆豉结构乃是在麻桂结构的基础上变通而来,虽然只是发汗解表而不具备祛除表湿的功效,但为后世羌防剂的产生打下了基础。③出现了防风、藁本、白芷、独活等解表祛风除湿之品,是为羌防剂的雏形。在经方中,已经出现了解表祛湿的方剂。《金匮要略》有麻黄加术汤、麻杏薏甘汤,《伤寒论》中 174 条之桂枝附子汤,从未出现过羌防剂的结构。从这三方的组方结构来看,张仲景治疗夹湿之表证的组方思路,基本上是在原有的解表方的基础上加入祛湿药,还是基于麻桂剂的特点,这与羌防剂的结构特点是有区别的。另外,在东汉末年虽然出现了解表祛湿的方剂,但毕竟不如唐代,更不如宋金元时代广泛。这是因为,东汉末年,气候寒冷,且连年干旱,气候偏于干燥,但晋唐不仅气候转暖,而且较湿润,故而在表证上,防风、藁本、白芷、独活等既解表功效弱且兼除湿作用的药物的使用为气候所趋,尤其在唐代羌活、独活已经区分开来使用,表明羌防类药物、方剂使用的广泛。

(2)羌防剂成熟于宋代:从《局方》及《局方》以外的方剂两部分中的解表方剂药物进行统计分析得出,二者有相似之处,亦有区别。相同之处在于,二者都含有较高频率的羌防类药物,如羌活、防风、藁本等,《局方》中所占的比例更高。另外,荆芥不仅开始使用,而且使用的概率很高,防风、荆芥这对解表配伍中最常见的结构开始普遍得到使用,可以看出:①羌防剂的使用较晋唐时期更为普遍,完善了作为解表祛湿的基本组方思路,标志着羌防剂的成熟。②继续补充、完善辛温微汗解表的方药格局。而其区别在于,在《局方》中,羌防类药物占据统治地位,除此以外,还出现了蔓荆子、薄荷、牛蒡子、蝉蜕、柴胡等辛凉解表药物,这些药物多与辛温解表药物合用,形成所谓的"辛温复辛凉"结构。③在《局方》以外的方中,麻黄、桂枝的使用仍然占有一定比例,但不占统治地位。在唐代,麻黄、桂枝的使用频率,远超过同时代其他的解表药物,但在宋、金、元时代已经不占主导地位。在宋、金、元时代,羌防配伍逐步取代麻桂组合,成为这一时期解表方的主要配伍结构。另外,诸如桂枝、羌活等配伍的出现,也逐渐取代了麻黄、桂枝这一配伍结构。

(3)羌防剂产生的气候背景:《局方》用药偏于温燥,尤其是治疗诸风和伤寒的方剂。《局方》的编纂分 3 个阶段:第一阶段是初刻于 1078—1085 年(宋元丰年间），第二阶段是 1107—1110 年（宋大观年间），这两个阶段尚是北宋年间，气候由晋唐以来的温暖、炎热逐渐变冷，但还未到寒冷时期，最初只有约 297 方，所以，其中收集的方剂当以温暖时期者为主，可以反映温暖时期的用药特点。第三阶段是 1225—1227 年（宋宝庆年间）、1241—1252 年（宋淳祐年间），几度编纂，大幅度增加方剂至 788 首，全书大部分方剂如宝庆新增方、绍兴新增方、淳祐续添方、吴直阁增诸家方、续添诸局经验方等，便是在重新编纂阶段补充进去的。如果对这些续添的方剂进行分析，会发现其与最初的 297 方相比，明显温燥。第三阶段已是南宋，迁都杭州，气候已经变得比较寒冷，所补充的方剂较初刻时更为温燥。所以全书方剂、用药从总体上讲偏于香燥就合情合理。东南本就地湿，加上全国降雨量增加，更是加大了湿度，因此，治湿之方流行。《局方》中，败毒散、藿香正气散、不换金正气散、参苏饮、平胃散、二陈汤、参苓白术散等，均为泽被后世之名方，也反映出这一时期病证多痰湿的特点。生活并行医于金代气候偏于温暖时期的"易水学派"代表人物张元素开始力陈伤寒概用麻桂之弊，张氏认为"古方不能治今病"，倡"解利外感"（也称"解利伤寒"），即风寒湿所致之伤寒，以区别仲景麻桂剂所主之伤寒。可以看出，张氏充分考虑到麻黄汤峻汗的特点，一般适用于伤寒重症，并不能通用以治疗伤寒。他创造出解表方九味羌活汤，除体现他的"引经报使""分经用药""药物归经"学术思想外，还有很重要的一点就是该方"药备六经，通治四时"，从理论上完成辛温解表剂由惯用的"麻桂剂"一统天下，向"羌防剂"的延伸，由峻汗治风寒重症到微汗治疗风寒轻症的拓展。正如汪昂《医方集解》对该方的评价"此足太阳例药，以代桂枝、麻黄、青龙各半等汤"，从而在理论上确立了羌防剂乃辛温解表的主要组成部分之一。

综上所述，羌防剂有两重含义：①发散风寒力量比较平和。②针对风寒夹湿。当然这里所指的风寒与麻桂剂所主的风寒不同。其沿革分两个阶段：一是晋唐的肇始阶段，二是宋金元从方剂到理论的成熟阶段。羌防剂沿革的整个过程，都与温暖潮湿的气候条件下出现的风寒夹湿的特点密切相关。

（二）辛凉解表剂因时论

汗法中，辛温与辛凉解表在很长的一段时间里，互相争鸣，不断发展。辛温解表剂是在对外感风寒病机、病理、治法、方药不断认识的深化过程中完善起来的，而辛凉解表剂的沿革则是伴随着对温病的认识而不断发展的。因为温病学是在逐步从伤寒学派分化出来的过程中发展成熟起来的，所以一定程度上说，辛凉解表法的沿革过程体现了外感表证中风寒外感与风热外感的区分历程。中医对温病的认识分为 3 个时期：战国到唐代为萌芽期，宋金元是成长期，明清则系形成期。相应地，辛凉解表法也经历了相同的 3 个阶段。总体来讲，温病学的发展与气候变迁息息相关。由此推理，辛凉解表法的发展离不开历史时期气候不断变迁这一背景。

1. 晋唐萌芽

晋唐不仅发展了辛温解表法，而且开创了辛凉解表法的使用。在晋唐解表方剂中，麻黄、桂枝仍然是解表药物中使用率较高者，但与经方相比，配伍模式已迥然有异，多采取辛温解表药物与寒凉药物相配以组成辛凉解表剂，因此，人们将此期辛凉解表剂的模式称为"辛温加寒凉模式"，用以区别明清温病学派的辛凉解表剂。由此看来，晋唐辛凉解表剂之辛温加寒凉模式在组方思路上既受到《内经》以降的辛温发汗思想的影响，又结合当时的温暖气候条件下热性外感特点进行了改进，体现了对"三因制宜"的灵活把握，师古而不泥古，这对宋、金、元诸多医家影响甚大。

2. 宋金元发展

在"阳气郁结""阳气怫郁"等病因的指导下，宋、金、元医家对外感热病的治疗继续沿着晋唐以来的辛温加寒凉配伍成辛凉解表方剂。"阳气郁结""阳气怫郁"的根本原因在于风寒密闭腠理，使阳气不得外达。因此，在这个病因观的指导下，寒为本而热为标，寒为基本病因，发热则为寒演变而来。这种观点一直到明清都有着很大的影响力。

在晋唐时代，虽已经开始采用辛温加寒凉的模式组成辛凉解表剂，但作为一种治法，既未从理论上确立下来，亦未得到广泛的认同，当时存在以辛温或纯寒凉概治表证两种极端。在宋、金、元时代，作为与辛温解表法并列的一种治法，辛凉解表不但获得正名，而且从理论到临床实践都已经获得广泛的认可。在遣药组方方面，这个时期大致有两种不同的趋向：其一，在经方的基础上加入寒凉药物。其二，不用经方，自行创制。这种类型方剂众多，根据所选用药物的不同，又大致分为两种情况：一者仍用麻、桂等为方中的主要解表药物，但不沿用经方的完整组方模式。如刘完素防风通圣散，由防风、川芎、当归、芍药、薄荷、大黄、麻黄、连翘、芒硝、石膏等组成；双解散，由防风通圣散、六一散各半组成。二者主要解表药物不用麻、桂，而用菊花、蔓荆子、柴胡、葛根、牛蒡子等辛凉解表药物，或用羌活（独活）、防风、荆芥、葱白、藁本等辛温解表药，但加入大黄、石膏、黄芩、栀子等寒凉药物。前者如《局方》菊花散，由白蒺藜、羌活、木贼、蝉蜕、菊花等组成，《小儿卫生总微论》之荆芥桔梗汤，由荆芥、桔梗、甘草、牛蒡子组成；后者如《局方》流气饮，由大黄、川芎、牛蒡子、细辛、防风等组成，《圣济总录》防风汤、蝉花散，已经形成完整的辛凉轻散结构。所以，可以认为，这是明清温病学派的辛凉解表思路之前驱。

3. 明清成型

东汉大寒疫盛行，催生了伤寒学说；明清的温疫流行，同样也是诞生温病学说的温床。这一时期的疫情与明清以前相比，突出的特点有 4 个：一是更加频繁，但由于医疗卫生保健水平的提高，死亡率反而大幅度下降；二是大规模者增多，即大部分疫情的波及范围广泛；三是以温性者为多；四是疾病传染、流行的中心地带由汉代的中原转移到江浙一带。

（1）明清时期温病学派对解表法的辨识：温病学家否定的第一类治疗方法是伤寒学派的辛温发汗。众所周知，吴又可的《温疫论》问世以前，在治疗外感热病方面，伤寒学说占绝对统治地位。为此，温病学派用阴阳的学术思想对二者进行了详细的鉴别：第一，温病学派认为温疫之邪从口鼻而入，有别于伤寒学派所讲的皮毛腠理的侵袭途径。第二，"温邪上受，首先犯肺"，手太阴肺为阴经，由此建立了温邪为阳邪，侵犯手太阴气分的基本病机。这与寒为阴邪，袭人足太阳卫分是不同的。第三，伤寒袭人易伤人阳气，而温病袭人则更易耗损阴液，而对这些鉴别的基础，乃基于季节、气候、方位的不同。这些鉴别认识的落脚点在于反对概用辛温解表法治疗温病初起。汗法是治疗表证的不二之法，包括辛温、辛凉二端。伤寒学派治疗外感表证"始终以救阳气为主"，寒邪为肃杀收敛之邪，伤人后易致阳不足而阴有余，因此，必须用辛温之品以运其阳气，发汗而祛邪；温病治疗时"始终以救阴精为要"，温热为阳邪，伤人易致阳有余而阴不足，因此必须顾护阴液。因此，吴鞠通明确提出"温病忌汗"。

温病学家反对的第二类治疗方法是唐代以来的辛温加寒凉而成的辛凉解表法。作为与张仲景辛温解表法相区别的治法，这种治法在唐代就已经出现了，到宋金元时期达到顶峰，以刘河间为代表，有"热病宗河间"之说。辛温加寒凉而成的辛凉解表法主要针对外寒郁而化热，形成外寒内热之表里同病，其实质是表里同治，适应证相当于后世所说的"伏气温病"，并非单纯的解表法。以之治疗新感温病之风热、风温表证，辛温药物易发其汗，苦寒药物易耗其阴液，汗与阴液同源，大悖温病"始终以救阴精为要"的基本原则，因此遭到医家的反对。温病初起，大体相当于风温或风热阶段，属于表证，治当解表无疑，如叶桂所言："在卫汗之可也""辛胜即是汗药"。卫分敷布于肌表，有卫外作用，温热之邪侵入，必先犯及卫分，表现为卫外失常。肺为华盖，其位最高，因此，卫分证候又常见肺经、肺络病变。温邪入肺，先见表证，故可用汗法。历代医家对温病初起治疗是否用汗的看法不外两种：一是邪在肺卫，宜汗解透邪；二是论述温病忌汗，认为"温病亦喜汗解，最忌发汗，只许辛凉解肌，辛温又不可用"。温病初起治疗宜汗忌汗绝不是纠缠纯理论问题，而是关系到温病治疗的成败。对于温病用汗法，大致的原则是温病宜汗，不必强责其汗；时刻顾护津液；对于温邪在表，忌汗可防伤阴太过，用汗能予祛邪外达。因此，宜汗与忌汗是对立统一的。

（2）辛凉轻散模式的用药特点：该时期的用药有以下几个特点。①苦寒清热类药物的使用率大大下降，比较而言，黄芩、石膏、栀子是使用稍多者，麻黄、石膏等形成辛凉解表结构者已经很少采用。②薄荷、牛蒡子、柴胡、葛根、菊花等辛凉药物的使用频率加大，这些药物的突出特点是轻、散，成为明清时期辛凉解表方剂的主干结构。在宋金元时代，这些药物作为辛凉解表药物已经开始使用，但使用频率并不是很高，大多情况下，借其升散之性，上达颠顶头部、目窍、口鼻、咽喉，以治疗五官科风热疾患为主。而在明清时期则有了很大的发展，不限于这些疾患。这种以辛凉轻散为主要结构的辛凉解表方萌芽于宋、金、元时期，发展、成熟于明末清初年代。③荆芥、防风在所使用的解表药物中比例非常高，这说明二药不仅是辛温解表剂的基础结构，亦是辛凉解表剂的常用配伍。其他辛温解表药物如羌活、独活、细辛、白芷、麻黄等也在配伍组方中得到运用，但与唐宋以来的使用模式大相径庭，多与辛凉解表药物同用，形成所谓的"辛温复辛凉"结构。

至于辛凉轻散模式的内涵，以银翘散、桑菊饮为代表的辛凉解表剂一改河间学派辛温加寒凉模式，大行其道，主要特点可以归纳为两个。一个特点是"轻"，如叶桂《温热论》所说"在表初用辛凉轻剂"，这里的"轻"体现在4个方面，即药性轻、质地轻、用量轻、用法轻。所以，吴鞠通在《温病条辨》中总结温病上焦证治疗用药特点为"上焦如羽，非轻莫举"，"高颠之上，非风药不可上达"。需要指出的是，温病学派"轻剂"，来源于北齐徐之才的"十剂"之说，轻可去实，麻黄、葛根之属是也。麻黄、葛根之辈，辛散外达，"轻可去实"乃指祛除"自外而内"之邪气。叶桂之"轻剂"乃宗徐之才所言麻黄、葛根之义：首当辛散外达，而温热之病性不同，故增"辛凉"二字于"轻剂"之前。另一个特点是"散"，温热阳邪致病，既有炎上亢奋的特点，又有阻遏人体气血阴阳之运行而致气机郁滞的特点，所以，风温、风热之治，清的同时应立足于散。因此，有人认为叶氏"在卫汗之可也"之说非为汗法，其实质是辛凉开肺，宣透郁热，使肺气开达，气机通畅，郁热透散，肺卫之温热随微汗而解。鉴于以上两个用药特点，我们将这种组方模式称为辛凉轻散模式，以区别于辛温加寒凉模式。

上文以中国古代气候变迁为纲，根据理、法、方、药一体的模式，采取断代分析的方法对各个历史时期的解表剂的特点进行了初步阐述。首先将解表方剂按照现行以功效强弱为标准的分类方法，分为辛温、辛凉两大类；其次将辛温解表剂分为麻桂剂、羌防剂两亚类，辛凉解表剂则分为辛温加寒凉、辛凉轻散两亚类。这种分类方法不但体现了功效强弱特点，而且直接体现了用药特点。辛温解表剂中，麻桂剂产生于东汉建安末年气候极度寒冷，寒性瘟疫大范围流行的背景之下；而羌防剂则产生于北宋相对较为温湿，仍以气候偏寒为特点的气候背景之下。辛凉解表剂中，辛温加寒凉模式孕育于晋唐炎热时期，成熟于宋金元温暖的气候时期；而辛凉轻散模式则成熟于明末清初气候温和时期。

四、中药功效控制论

单味中药因其成分复杂，药物功效多样，临床应用影响药物功效的发挥因素众多，所以研究中药功效控制方法尤为重要。先生根据长时间的理论研究与临证实践，总结了 5 种控制中药功效的方法，即配伍环境、用量特点、炮制方法、剂型及服药方法。

（一）配伍环境

配伍环境是方剂中药物与药物之间所形成的配伍结构关系，对于多功效的单味中药而言，配伍环境是影响其在方剂中功效发挥方向的重要因素。同一个药物在方剂中，由于配伍环境不同，功效的发挥方向也就有别。方剂中的配伍环境主导着药物在方剂中的功效发挥方向。

例如桂枝的应用，其和麻黄相配最常见，单用麻黄的方和单用桂枝的方发汗力量一般不大。麻黄汤去掉桂枝以后的三拗汤、华盖散等加减方，都不是以这种发汗散邪力量为主要功效的，而是一种微微发汗。单用桂枝的方，很多都不是治表证的。而麻黄和桂枝一起出现的方多为风寒表证而设。不管是麻黄汤、麻黄加术汤、小青龙汤，还是大青龙汤，都含有麻、桂配伍。实际上，从中药药理角度分析，"阳加于阴谓之汗"，经肌肉、皮里膜外，然后到皮毛腠理而汗出。桂枝解肌，麻黄开腠，然后津液到皮毛，出腠理，才能够打通发汗的整个环节，将相须为用的配伍特点反映得比较清楚。另外，治疗风寒湿导致疼痛诸方，古代不同时代的医家在运用桂枝时往往和细辛相配，使止痛力量增强。现代实验研究亦证明了此点，故桂枝与细辛相配，主要功效是止痛。桂枝与桃仁、牡丹皮、赤芍之类相配，则是温经活血和活血散瘀功效比较突出。桂枝、芍药等量或相似用量下，对外调和营卫，对内调和气血、调和阴阳。从仲景方配伍当中，便可体会到桂枝、白芍调五脏阴阳的规律性。若用量变化，便不能达到调和营卫、气血、阴阳的目的。桂枝与白术相配，有温阳化气之用。桂枝与茯苓相配，若茯苓量大，平冲降逆之效较好。凡是水气上逆以平冲为主者，往往需大量的茯苓与桂枝相配。

再如柴胡的配伍，柴胡与芍药是调肝的基本结构，从张仲景四逆散之后便已形成。那时四逆散用于治疗阳郁厥阴造成的四肢逆冷。宋以后，四逆散主要用于肝脾气郁，肝脾气机郁滞所造成的脘腹胁肋各种疼痛。自此，柴胡、芍药便成了一个基本结构。柴胡与升麻也经常配伍。人体的清阳上升就是两股气，一是脾的升清，二是肝的生发。升麻能升脾之清阳，柴胡能升肝之清阳，二者相伍，升举清阳之力较强。先生提出，此处需注意的用药技巧便是用量。柴胡升举清阳需小剂量，大剂量时发散力强，中剂量时则以疏肝理气为主。张介宾、李杲用药升举时，柴胡与升麻之剂量很小，则为涉及配伍环境和用量特点。若柴胡与川芎同时运用常调气活血。柴胡、枳壳亦是从四逆散开始，一升一降，既调和肝脾，又升降气机，乃是调理气机常用组合。柴胡取其发散之功时用量偏大，发散部位为少阳半表半里，葛根透表则在阳明，解肌透里。柴胡、葛根二者联合乃为透邪，且为邪已深入阶段，这亦证明了配伍环境的协同作用。

　　生姜相似用法也有很多。生姜、半夏同用，多为和胃降逆，同时制半夏毒性。而生姜、大枣相配，在仲景桂枝汤之后，更有生姜、桂枝加甘草，以辛甘化阳，大枣、芍药加甘草，以酸甘化阴。阴阳双向调节，生姜、大枣可调和体表、营卫、气血及脾胃。此外，生姜、白术、茯苓相配，功可健脾除湿。如逍遥散调和肝脾，调和气血，方中生姜散水，作用于上焦，白术运脾燥湿，作用于中焦，茯苓渗湿，作用于下焦。此三味药通顾上、中、下三焦津液之转输通畅，亦是协同健脾除湿的基本结构。纵观历代诸家方剂，发现用这三味药除湿之方剂相当多，并非只逍遥散有这种结构，真武汤里亦曾出现。生姜若换为干姜，亦有其配伍特点，如干姜与甘草相配，干姜温，甘草补，内生之寒温必兼补，是种温补脾肺的基本结构。外来之寒温必兼散，内生之寒温必兼补。其与细辛、五味子相配成为温肺化饮的基本结构。仲景很擅长用姜、辛、五味治疗寒饮，往往小青龙汤用于发作期，苓甘五味姜辛汤用于稳定期。干姜、附子相配，侧重温阳，是先后天阳气同温，先后天结合，四逆汤里便有此结构。干姜、人参相配的理中汤，主要用于温补中阳。故药物的配伍使用，本身就有中医药理概念，《伤寒论》中张仲景用了很多基本结构，书中许多方剂前后呼应。故在临床运用技巧上，可利用配伍环境来保证多功效单味中药功效的发挥。

（二）用量特点

用量特点，作为能影响多功效单药在复方中功效发挥方向的常见因素，在临床上易被忽略。中医有因人、因地、因时制宜的思想，但是中药用量亦十分重要，需从历代诸多医家用方规律中将其整理升华。中医自身要发展，中药用量一定要整理、规范，整理是发展，规范亦是发展。譬如黄芪，可补脾肺之气，可固摄，升举也是一种固摄，如补中益气汤中的升举就是一种固摄，故补中益气汤也能治自汗。玉屏风散、防己黄芪汤皆有固摄作用，补阳还五汤也能固摄经络之气，气虚无以推动血液运行，黄芪既能固摄精气，又能益气生血，因黄芪乃是生用、量大。凡用于固摄，黄芪用量必须大。若只是用黄芪补脾胃之气，中等剂量便已足够。柴胡大剂量、中剂量、小剂量之间也有很大不同。中药用量一般为9～15g，或3～9g，是常用量大致范围。如苏叶能够理气，亦能发散风寒。小剂量的苏叶有解郁的作用，如苏叶15g，偏于发散，侧重向外、向上。逍遥散里面加少许薄荷，有解郁之用。再如人参益气救脱，用量要较大；小剂量为佐药，扶正祛邪，鼓舞正气，祛邪外出；中等剂量才是补脾肺之气。金银花也是如此。五味消毒饮这些清热解毒的方剂里金银花用量很大，在一两左右，它的功效主要是清热解毒，小剂量则是轻清宣透、辛凉透邪。再如，芍药止痛必须大剂量，桂枝汤里芍药加一倍再加饴糖，则为小建中汤。这些都说明用量决定功效发挥的方向。所以，研究多功效中药发挥方向的控制方法，一定不能忽视用量对中药功效发挥的影响。

（三）炮制方法

控制中药功效发挥方向时，炮制是很重要的因素。很多药房没有像传统要求的那样去炮制，造成药物功效的偏颇。各种药都有它的炮制要求，如白术燥湿或运脾除湿一般生用，炒白术多是用于脾胃运化的，焦术除了健脾还有消积的作用。这些药物要发挥不同作用都有不同的炮制要求。

（四）剂型

剂型对功效发挥方向也是很重要的。不同的药物剂型，所产生的作用也不一样。例如枳术丸，枳实、白术可健脾消积，用于脾虚食滞。而张仲景用枳术汤是治疗脾虚水饮的。心下坚，大如盘，边如旋盘，水饮所作，枳术汤主之。同样两味药，剂型不同，功效方向就不同。又譬如九味羌活汤强调用汤剂，是用于外感风寒湿邪，内有郁热之时，若做成丸药则主要侧重于治疗风寒湿的痹证，风寒湿感冒与痹证是两个病，所以不同剂型其主治方向是不同的。再如，理中丸主治中焦虚寒的吐利，理中汤主治阳虚胸痹，不同剂型功效的侧重点也不同。麻子仁丸的服法要求很严，虽然麻子仁丸里面有与小承气汤一样的药物，但它属于润下剂。它做成丸剂，用量控制严格，只用像梧桐子那么大的 10 颗，而且服用后若症状没有缓解，则"渐加，以知为度"。

（五）服药方法

在《方剂学》教材里，服药方法多并入用法，有些方剂甚至只写"现在用法，水煎服"，便没有更具体的了，因此服药方法往往容易被忽视。"治寒以热，凉以行之"，药物的服用方法至关重要。如桂枝汤的服法，张仲景在《伤寒论》里讲得很详细，密切观察，适度而止，并且要"适寒温"。四逆汤的服法为"冷服"，因四逆汤一类的方剂冷服时副作用较小，这涉及功效发挥的方向及副作用的控制。

吴茱萸的服法也比较特殊，需要药冷的时候服用。以吴茱萸为主药的吴茱萸汤类方剂，可以治疗肝胃虚寒、肝胃之气上逆导致的腹痛、胃痛、呕吐、头眩，但是如果不按照要求服药，就会引起眩晕、胸闷等反应。只有按要求服药才能发挥方剂应有的疗效，起到治疗的作用，避免副作用。

除了服药方法外，煎法（煎熬方法）也很重要。如银翘散的煎熬要求是"香气大出，即取服，勿过煎。肺药取轻清，过煮则味厚入中焦矣"。即银翘散的煎熬时间药短，沸三五沸，"香气大出，即取服"。因为如果煎熬时间过长，其中含有的芳香成分就挥发了，留下的是清热解毒的成分，清热解毒可以治疗疮疡，但用来治疗感冒效果肯定就差了。可见医生在临床上如不告知患者这些要点，方剂的疗效则会大打折扣。

因此，不同的煎服方法，中药发挥功效的方向也会不一样。

五、中药毒性控制论

中医素称"是药三分毒"，单用药而无方，则有利有弊，而用方则有利无弊。在中药毒副作用控制方法方面，先生提出了以下建议，即异性毒力互制论，药量的控制，炮制减毒，佐制药的配伍，反佐药的配伍，煎药方法的要求，服药时间、方法的要求，道地药材的强调，剂型的限定，辨证论治的总体把握等。

（一）异性毒力互制论

这是一种特别的控制中药毒副作用的中药配伍方法，即避免同性毒力的共振，利用异性毒力相制。临床在用单味药时，如果把单味药药量加大，则该药产生的效价固然是原剂量的数倍，但毒副作用也是原剂量毒副作用的数倍，从而产生同性毒力共振的后果；如果把多味功效相近的药配伍使用，则可减少单药的剂量，由于每味药毒副作用发挥的方向并不完全一样，朝不同方向的毒力则可互相制约。综合起来看，整个方子的毒力要比数倍剂量单味药所产生的毒副作用小得多，从而产生了异性毒力相互制约的效果。

异性毒力互制理论在方剂十枣汤中得到了完美体现。十枣汤是《金匮要略》治疗悬饮的方剂，用于水饮壅盛于里之实证。该方由甘遂、大戟、芫花这三味剧毒药加上 10 颗大枣组成，组方特点是甘遂、大戟、芫花各等份，但每味药的剂量都很小，该方所表现的即是功效相似的、泻下逐水功效相近的药物相配。在临床上有报道，单用甘遂作散剂，用量是成方剂量的 3 倍，比如 1.5g，装胶囊中，用枣汤送服，多数患者服用后耐受不了。所以可以得出结论，单用一味攻伐中药，副作用就非常突出。倘若十枣汤中三味药同用，各 1/3 的剂量，总剂量正好是单味药剂量的 3 倍，患者服用后，虽然泻下作用强烈，但并未出现不能耐受的情况，反而能发挥持久的作用。

临床上除十枣汤一类攻伐药需要通过这种配伍来产生异性毒力互制效果外，其他类型的中药也可以应用这种配伍方法。比如辛温发散中药，如果单用羌活以数倍量，患者会因为羌活辛温燥烈之性太强而出现口干舌燥、乏力等不适，倘若用小剂量羌活，加上防风、荆芥类辛温药，其发挥的辛散功效并不亚于大剂量的羌活，却能大大减少口干舌燥、乏力的症状。

（二）药量的控制

无论是单味中药还是复方，用药剂量都是发挥功效和产生毒副作用的关键因素之一，剂量过小达不到治病的目的，剂量过大则易产生毒副作用。如制草乌临床止痛疗效尤佳，其煎汤内服剂量一般为 1.5 ～ 6g，剂量过大则易发生中毒。再如木通有利尿除湿之功，但若剂量过大（临床有患者服用关木通 50g 中毒死亡的报道），则出现尿少，甚至产生肾功能衰竭等毒副作用。

（三）炮制减毒

中药炮制后可消除或降低其毒副作用，以保证临床用药安全。如柏子仁具养心安神之功，但其含有的脂肪油容易引起胃肠道反应，经过"去油制霜"炮制后可消除其滑肠的副作用。再如人参根为大补元气药，其参芦具催吐作用，故用其根补气时应去掉参芦，以消除其致吐的副作用。此外，对于毒性大的中药，应适当炮制以保证临床疗效。如巴豆需"制霜"，使脂肪油含量在 18% ～ 20%，才能很好地发挥攻下作用而减少毒副作用的发生。又如马钱子有通络散结、消肿定痛之功，但其有致大脑皮层超限抑制、脊髓反射性兴奋致强直性痉挛及因呼吸肌强直收缩而引起呼吸不畅甚至死亡等毒性，故马钱子宜砂烫，使其生物碱士的宁含量在 0.8% 左右，可很好地发挥疗效并减低毒性。中药炮制后还可改变和缓和药性以适应临床需要，中药偏性是临床毒副作用发生因素之一。如麻黄辛、温，生用解表作用强，蜜炙后平喘作用强，对于热壅于肺，汗出咳喘者宜用蜜炙麻黄，因麻黄蜜炙后辛温发汗之力受到制约，可减少副作用的发生。中药炮制后还可改变药物成分，突出某一功效而减少毒副作用的发生。如生半夏有毒性，用生姜制可缓解毒性反应。

（四）佐制药的配伍

佐药分为 3 类：佐助药、佐制药、反佐药。方剂配伍组成中的佐制药，是针对药物在发挥治疗作用时又出现某些毒副作用而设的，通过配伍佐制药，可以增强和提高方剂治病求本的切机性和可靠性。某些疾病在演变过程中，由于固有矛盾的特殊性而导致用常规的组方用药已达不到治病之目的，因此就必须配伍峻药或毒性明显的药物，此用药虽有明显的副作用，但治疗效果也非同一般。为了避免药物在治病时出现副作用，所以医生在方中特设佐制药，以达补偏救弊之功。佐制药主要消除药物的偏性、峻性及毒性，所以这也是一种有效控制毒副作用的方法。比如，疾病在其发展过程中，既有邪实，又有正虚，确立治则需补虚泻实并用，此方药组成不属于佐制药配伍。所谓补、泻佐制是指病无虚体而用补药，病无实邪而用泻药，通过补、泻佐制配伍，可使诸药有机地结合在一起，发挥治疗作用而不出现偏性、峻性及毒性。再如，寒热药物并用于一方之中，其所主病证若是寒热证机共见，非寒热并用则不能达到愈寒热之证情，此用药也不属于佐制。所谓寒、热证佐制，是病证中并没有热证而用寒药，并没有寒证而用热药，如此组方之后，则能明显提高治疗效果。这些都是控制毒副作用的有效配伍方法。

（五）反佐药的配伍

反佐，也是控制毒副作用的有效方法，即方剂中配伍与君药性味相反而在治疗中起相成作用的药物。如服药后出现呕吐反应，可以配伍降胃气的反佐药，防止药病格拒。又如，用大队热药治疗寒极证候，或者用大队寒凉药治疗热极证候时，配伍与君药性味相反而能起相成治疗作用的药物以防止药病格拒。

（六）煎药方法的要求

使用正确的煎药方法可以提高药效，减轻药物的毒副作用。久煎是降低中药毒性最常用的方法，随着煎煮时间的延长，毒性成分转化或随蒸汽逸出。例如乌头类中药为中医治疗风湿性关节炎的常用中草药，临床常见因煎煮方法不当或时间过短而服用后致急性乌头碱中毒，故乌头类药物宜先煎、久煎，煎煮1小时以上可降低其毒性。乌头类药物含有毒性大的双酯型生物碱，乌头碱化学性质不稳定，经加热水煮后，易水解成毒性较小的单酯型乌头原碱，乌头原碱毒性为乌头碱的1/2000，而强心作用增强。又如细辛中的有效成分主要是其挥发油中的甲基丁香酚，其中还有毒性成分黄樟醚。由于各种成分的挥发性不同，细辛全草经过30分钟的煎煮，煎液内挥发油中有毒成分随着煎煮时间的延长而较快降低，而煎液中仍保留着足够量的有效成分，而有毒成分的含量已不足以引起毒害。除了久煎外，增加辅料煎煮药物也是常用的减毒手段。汉代名医张仲景常以蜜煎乌头、甘遂制缓其毒性，最典型的方剂为治疗腹满寒疝宿食病的大乌头煎，方中大剂量使用乌头，采用"乌头大者五枚"，为了避免中毒，仲景采用了特殊的煎法，即"以水三升，煮取一升，去渣，再用蜜二升煎煮，煎令水气尽，取二升"。乌头桂枝汤也是用蜜来煎煮。这一方法至今仍为许多喜爱用附子、乌头的"火神派"医家所采用。又如甘遂半夏汤、已椒苈黄丸、十枣汤、葶苈大枣泻肺汤均为逐水峻剂，可以用白蜜制其烈性。

（七）服药时间、方法的要求

择时服药是中医时辰药理学研究的重要内容，正确的服药方法可以有效地减轻中药的毒副作用。按照《黄帝内经》《神农本草经》等经典著作中提出的四时更替、阴阳变化、节律改变原则，具体在应用时应区别脏腑，根据病情发展变化，明确时症之间的主次关系，掌握时症相参互补的原则，尽量使用药与人体节律同步协调化。例如：①依四时节律立法用药，即"合人形以法四时五行而治"：首先做到"热无犯热，寒无犯寒"，在春夏一般不用热药，在秋冬一般不用寒药，非用不可时，也应配伍反佐药或采用寒药热服、热药冷服等办法；其次应根据四季气机升降浮沉节律，遵循"春宜吐、夏宜汗、秋宜下、冬宜补"的原则。②依月节律立法用药：如妇科病的调治中提出"上弦调经，温养补益为主；月望逐瘀，理气通消是法；下弦安胎，固摄安保为重；朔时止带，除湿健脾补肾"。③依昼夜节律立法用药：如涌吐药多宜清晨午前服用，解表发汗药多宜午前服用，泻下药多宜午后、晚间服用，益气补阳药宜上午或清晨服，滋阴养血药宜夜间服，祛水湿药宜清晨服，安神药宜睡前服，定时发作性疾病宜发病前服药。按照中医时辰药理学的理论，坚持择时服药，能顺应时令变化，符合机体对阴阳需求的时间性，可以借助机体气机升降之势，诱导紊乱的人体节律恢复正常，预防或减少药物的毒副作用，以提高治疗效果。

（八）道地药材的强调

道地药材，是经过中医临床长期应用优选出来的，在特定地域通过特定生产过程所产的，较其他地区所产的同种药材品质佳、疗效好，具有较高知名度的药材。通常道地药材的毒副作用较小。例如，关木通用量过大可导致肾功能衰竭，如果用药时选择四川道地药材川木通，则可以避免此类毒副作用的发生。

（九）剂型的限定

剂型的限定是指选择一定的剂型，可以控制中药的毒副作用。比如含有毒副作用的一些药物可以做成丸剂：一者丸剂所含有的有毒单药的剂量相对较小；二者丸剂多用蜂蜜等塑形剂，能够很好地缓和有毒中药的毒性，起到一定的解毒作用；三者丸者缓也，药物缓慢地吸收，缓慢地发挥作用，也可以在一定程度上减少毒副作用的发生。

（十）辨证论治的总体把握

辨证论治总体把握的正确性是避免毒副作用的前提。中药是在中医理论指导下所认识和使用的药物，处于中医理、法、方、药链的终端。倘若单用中药某一成分或者提取物，则失去了中药所具有的四气、五味、升降、沉浮之性情，人为地割裂了中医的理、法和药的逻辑关系，此时的药已经不是真正意义上的中药了。临床使用中药时，一定要谨遵辨证论治的逻辑关系，通过全面收集病史资料，正确辨证，从而确定合适的治则治法，以此来处方选药，这样才能避免因没有辨证或者辨证不准确带来的不良后果。

（陈西平，蒋义芳，肖冲）

学术传承

川派中医药名家系列丛书

邓中甲

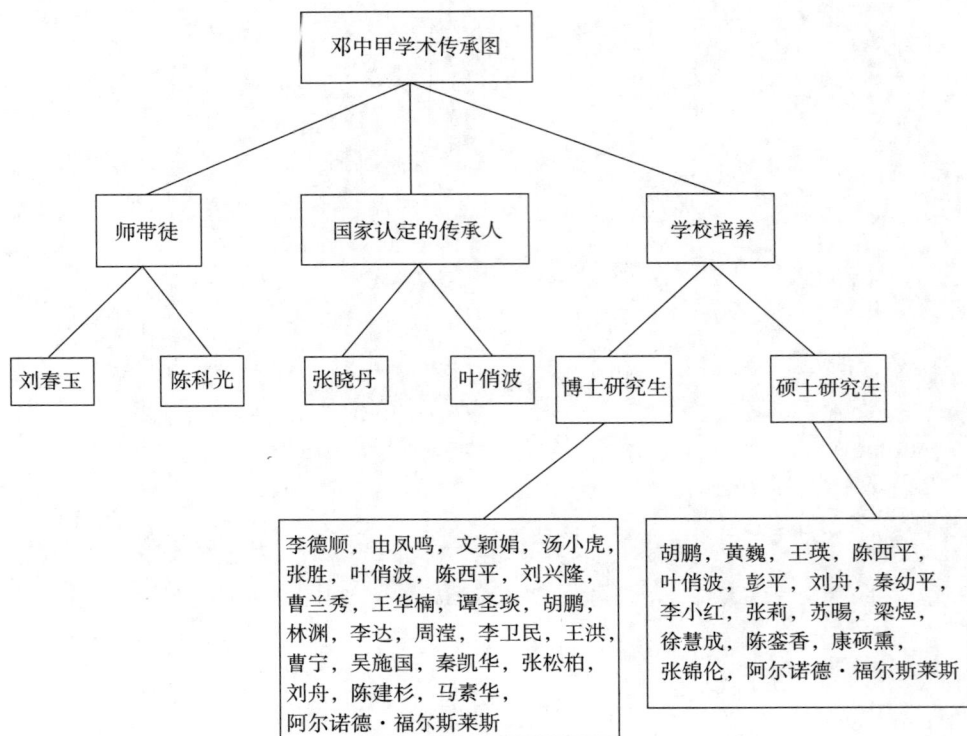

```
                        ┌─────────────────┐
                        │  邓中甲学术传承图  │
                        └────────┬────────┘
            ┌────────────────────┼────────────────────┐
      ┌─────┴─────┐        ┌─────┴──────────┐    ┌─────┴─────┐
      │  师带徒   │        │ 国家认定的传承人 │    │  学校培养 │
      └─────┬─────┘        └─────┬──────────┘    └─────┬─────┘
       ┌────┴────┐          ┌────┴────┐          ┌─────┴─────┐
   ┌───┴──┐ ┌───┴──┐   ┌───┴──┐ ┌───┴──┐   ┌────┴───┐ ┌────┴───┐
   │刘春玉│ │陈科光│   │张晓丹│ │叶俏波│   │博士研究生│ │硕士研究生│
   └──────┘ └──────┘   └──────┘ └──────┘   └────────┘ └────────┘
```

| 李德顺，由凤鸣，文颖娟，汤小虎，张胜，叶俏波，陈西平，刘兴隆，曹兰秀，王华楠，谭圣琰，胡鹏，林渊，李达，周滢，李卫民，王洪，曹宁，吴施国，秦凯华，张松柏，刘舟，陈建杉，马素华，阿尔诺德·福尔斯莱斯 | 胡鹏，黄巍，王瑛，陈西平，叶俏波，彭平，刘舟，秦幼平，李小红，张莉，苏旸，梁煜，徐慧成，陈銮香，康硕熏，张锦伦，阿尔诺德·福尔斯莱斯 |

张晓丹

中医学博士研究生，成都中医药大学教师。从事方剂配伍规律的理论、临床及实验研究。第六批全国老中医药专家学术经验继承人。主研厅局级课题 1 项，校级课题 3 项；参研国家级、省部级、校级科研课题共 5 项。在国内学术期刊发表论文共 14 篇，主编专著 1 部，参与编写专著 2 部，获得发明专利 1 项。

在读书期间，秉承家学渊源，一直跟随先生学习中医 10 余年，耳濡目染，积累经验，开阔视野，获益良多。每周跟随先生抄方，坚持至今。在工作和学习之余，细心研读先生的临床经验，整理挖掘其学术思想和临证特色。

叶俏波

中医学博士研究生，副教授，硕士研究生导师。曾任香港浸会大学中医药学院客座研究学者和内地学术顾问，广州中医药大学中西医结合工作站博士后，成都中医药大学首届"杏林学者"荣誉体系青年英才。现为第十二批四川省学术和技术带头人后备人选，第五批四川省中医药管理局学术和技术带头人后备人选，第六批全国老中医药专家学术经验继承人，全国中药特色技术传承人。

现于成都中医药大学基础医学院从事教学、科研及临床工作，承担"中医学基本思维原理""方剂学""玄府学说"课程的教学。任国家卫生和计划生育委员会"十三五"英文版规划教材、海外标准化教材《方剂学》主编。参编《中医学高级丛书·方剂学》《中医名方学用挈要》等教材及专著15部，公开发表学术论文30余篇。主持国家级课题1项，厅局级课题2项。

致力于中医学思维原理、治法与方剂规律的研究，临床注重以玄府学说、脾胃学说为指导治疗脾胃、肝胆、妇科疾病，尤其擅长运用风药治疗多种疑难杂症。

川 派 中 医 药 名 家 系 列 丛 书

论著提要

邓中甲

一、论文

《"桥梁"学科重传承　特色分明为教学——〈方剂学〉编写思路与体会》，邓中甲发表于《中医杂志》2006 年第 47 卷第 8 期。

文章介绍了编写普通高等教育"十五"国家级规划教材《方剂学》的总体思路，并从重组方剂主治、增设治法概述、强调配伍技巧、区分方剂性质等方面分析了编写特色，具体有以下几点。

1. 把握学科特点，确定教材编写目标

编写教材，首先需要确定总体思路，并以此来统率、协调全篇。而总体思路的产生，又以找准学科定位和充分认识学科特点为前提。基于方剂学具有基础学科和应用学科的双重性，确定了编写新一版《方剂学》教材内容的总体思路：充分反映学科性质与特点，重视学生遣药组方能力的训练和培养。坚持以这一总体思路为指导，在继承五版、六版规划教材的基础上，做了一些改革与创新。如绪言部分，对方剂的概念予以从古义到今义的阐述；对学科性质从以下 4 个方面来阐述：①方剂学科在中医临床上的价值。②方剂学科在中医学术传承中的基础作用。③方剂学科对于巩固、深化和融会贯通已学知识所具有的平台作用。④方剂学科对于从基础学科跨向临床学科所具有的桥梁、纽带作用。这样既体现了学科特点，又使学生在开卷伊始的起步阶段，即能充分理解方剂学科的重要地位和作用。中医临证的能力，取决于遣药组方的能力。一张有效的方剂，与病机治法、君臣佐使的组方结构以及方药配伍关系等密切相关。针对于此，在各论方解中，在继承前几版教材对证候的病因病机分析、主治的确定、君臣佐使结构的剖析的基础上，对配伍特点、类方规律的归纳进行了大量补充与完善，并新增了配伍技巧等内容，为今后顺利学习临床各科铺平道路，为提高诊病治病能力奠定基础。

2. 重组方剂主治，源流并重反映全貌

历版《方剂学》教材阐述方剂主治时往往拘泥于原书主治的内容，特别是对于仲景方。这样，既难以全面反映后世运用发展的成果，讲授时又容易与相关经

典课程重复。新一版《方剂学》教材对主治从内容上进行了重组，不再拘泥于原方主治，而是注重反映从古代的辉煌奠基直至后世发扬光大的发展全貌。例如猪苓汤因后世普遍将其运用于治疗血淋，故将"主治血淋而小便不利"明确归纳入"主治"项中。这种源流并重、从古至今的编写安排，较好地处理了方剂学与仲景学说在时空涵盖范围上的异同关系，既体现学科交叉又保留本学科特点，使学科内容更加全面、系统，有利于学术传承。同时，教材在文献摘要下附列"原书主治"一项。例如四逆散原书中"其人或咳，或悸，或小便不利……"，这段或然症则从"主治"被转移至文献摘要之下的"原书主治"项。同样，对于真武汤中"太阳病发汗太过……身瞤动，振振欲擗地"等原文不但做了类似处理，而且在主治内容中代之以通俗规范的语言。这一处理，既在主要层面避开了与相关经典课程的内容重复，又为学科衔接预留了接口，便于学生开阔眼界，拓宽知识领域。

3. 增设治法概述，明确体系层次特点

新一版《方剂学》教材在总论"方剂与治法"中增设"治法概述"一节，指出了治法具有多层次和多体系的特点。所谓多层次，是指针对某一类病机的治疗大法和针对具体证候的具体治法有着层次的不同，而具体治法才是指导遣药组方的依据。所谓多体系，是指与辨证论治存在的多种体系对应存在的治法上的各种体系。如对应于温病卫气营血辨证的卫气营血治法体系，包括"清营凉血"等治法；与六经辨证相对应的六经治法体系，"和解少阳""泻下阳明热结"则归属于此。新一版《方剂学》教材对治法的这一剖析，不但克服了笼统和含糊，避免了肤浅和混淆，把治法论述提升到了一个新的高度，更是将明辨病机、具体治法、有针对性地遣药组方三者环环相扣，强化了理、法、方、药之间的联系和渗透，充分发挥了方剂学科的桥梁、纽带和平台作用，为中医学术传承创造了有利的条件。在方剂与治法的关系方面，教材将以法统方表现的4个方面，即以法组方、以法遣方、以法类方、以法释方系统地加以归纳。这样则使得历来强调的"以法统方"论之有据落到实处，从而有利于教师对该知识点的传授和学生对知识点的把握。

4. 强调配伍技巧，总结类方配伍规律

一般而言，中药都是多功效的，而中药在复方中功效的发挥方向受到配伍环

境、剂量、炮制、煎服法等诸多因素的影响。如何调控这些因素对药物功效的具体发挥，如何消除、减弱药物的毒副作用及不良反应，这些则需要充分把握配伍技巧。为此，新一版《方剂学》在编写中对这方面的内容明显加大了比重，并采取一系列配套措施，主要包括以下 4 个方面：①将类方的配伍规律、君臣佐使的基本结构、灵活得宜的配伍技巧三者有机结合。②对每首方剂的配伍特点深入分析，并以双法并用、多法并用突出一法为主、控制全方副作用这三种模式进行归纳并规范表达，培养学生掌握从整体着眼的中医思维方式。③结合方解扼要介绍实用性强的常用配伍组合关系。如明确指出败毒散中枳壳与桔梗相配，是畅通气机、宽胸利膈的常用组合，四逆汤中附子与干姜同用，是回阳救逆的常用组合。这样，帮助学生逐步积累配伍知识，进而加深理解方剂结构及其内涵，努力揭示方剂的配伍规律。④在教材增写的"配伍目的"内容中，编者对增效、减毒又做了进一步具体的阐述。其中，重点分析了控制药物功效发挥方向的问题。由于药物功效的发挥受多种复杂因素的影响，如配伍、剂量、炮制、煎服法等，其中又以配伍最为重要。某味药在复方中起何种作用，常有一些特定的配伍方法与技巧。通过配伍可以控制药物功用的发挥方向，从而减少临床运用方药的随意性。

5. 区分方剂特性，治学方法执简驭繁

根据方剂在临床验证、规范整理过程中客观上体现出的一定特点，将教材的方剂分为基础方、代表方和常用方 3 类，并在辨证要点中予以指出。针对这 3 类方剂的不同情况，教师的讲授方式也应有所不同。基础方针对的基本病机相对单一，其中往往包含常用基本配伍组合，且在此方基础上能产生一系列附方，故教学中重在讲透基础病机，点明常用配伍关系，并通过系列附方，指明基础病机继发的不同方向。代表方则代表医家某种学术思想，故教学中宜适当介绍有关名家的学术造诣，以此作为这类方剂的教学铺垫，从而加深理解。常用方则按主治证的复杂程度大致分为两类：①主治证单一的常用方。例如主治梅核气的半夏厚朴汤、治疗湿热黄疸的茵陈蒿汤等。对于这类方剂，教师应讲透基本病机。②主治证复杂的常用方。例如牡蛎散主治证中自汗与盗汗并存。对于这类方剂，教师重在讲透原发病机与继发病机的关系，并根据情况适当结合方剂运用中的加减变化讲解病机转化的多个方向。

常用方、临证组方、随证遣药的配伍技巧将在体察领悟中得到切实提高。总

之，执简驭繁的治学方法在方剂学科的使用，将为学生通过熏陶层垒、体察领悟、融会贯通、内化升华、牢固掌握方剂学科知识发挥作用。

该论文为在教学中把握教材特点、领会教材内容、驾驭教学过程、发挥教材作用提供了参考意见。

二、著作

《邓中甲方剂学讲稿》，邓中甲主编，2011年由人民卫生出版社出版。先生在该书中说："方剂学充分体现了中医的特色，集中反映在它在临床上体现出整体动态的特点。中医学的基本特点，整体观思想，动态的思想，在《方剂学》中反映得非常突出。因此，它是中医学和现代医学在学科的重视上很大差别的一个方面。现代医学重药轻方，它是以药物为基本单元，即使有方，也把它还原为药。中医学有轻药重方的特点，有些人说，重药更重方。"该书的特色有以下几方面。

1. 重释方剂学定义，强调理论与临床相结合

先生指出：方剂是以药物按一定的规矩和方法组成的。它强调两个问题：第一，方剂学是研究和阐明治法和方剂的理论。中医药学历来用理、法、方、药4个环节来概括它。理是理论，包括生理（以藏象学说为代表）、病理（以病因病机学说为代表），以及治法、方剂、中药。方剂学讨论的方面不仅是方，还有法。研究法与方两个环节。第二，方剂学不仅研究理论，还非常强调临床运用。在理论与临床运用方面探讨治法和方剂的本质，探讨它的运用。先生对方剂学的定义体现了以下4个方面的意义：①方剂学科在中医临床上的价值。②方剂学科在中医学术传承中的基础作用。③方剂学科对于巩固、深化和融会贯通已学知识所具有的平台作用。④方剂学科对于从基础学科跨向临床学科所具有的桥梁、纽带作用。这样既体现了学科特点，又使学生能充分理解方剂学科的重要地位和作用。先生强调：中医临证的能力，取决于遣药组方的能力，一张有效的方剂，与病机治法、君臣佐使的组方结构以及方药配伍关系等密切相关。

2. 详解中医治法概述

先生指出了治法具有多层次和多体系的特点。所谓多层次，是指针对某一类病机的治疗大法和针对具体证候的具体治法有着层次的不同，而具体治法才是指

导遣药组方的依据。所谓多系统，是指与辨证论治存在的多种体系对应存在的治法上的各种体系。如对应于温病卫气营血辨证的卫气营血治法体系，包括"清营凉血"等治法；与六经辨证相对应的六经治法体系，"和解少阳""泻下阳明热结"则归属于此。先生在文中生动形象地解释了各种治法，深入浅出，使得历来强调的"以法统方"论之有据，落到实处。

3. 重视配伍技巧

先生说：中药在复方中功效的发挥方向受到配伍环境、剂量、炮制、煎服法等诸多因素的影响。先生在文中讲解了如何调控这些因素对药物功效的具体发挥，如何消除、减弱药物的毒副作用及不良反应，重点分析了控制药物功效发挥方向的问题。由于药物功效的发挥受多种复杂因素的影响，如配伍、剂量、炮制、煎服法等，其中又以配伍最为重要。某味药在复方中起何种作用，常有一些特定的配伍方法与技巧。通过配伍，可以控制药物功用的发挥方向，从而减少临床运用方药的随意性。

4. 区分方剂特性

先生在文中按照方剂的不同性质将其分为 3 类：基础方、代表方、常用方。基础方是历代方剂学发展过程当中，总结的一些针对基础病机、基础证型所确立的方剂，临床较少单独使用，它反映了病机共性。代表方是在中医学发展的历史过程中，一些医学流派或者一些医学大家，在理论上创新的同时，相应在临床上产生的能代表这种理论的典型方剂。如补中益气汤、当归补血汤，集中反映了李东垣"甘温除热"治法。又比如朱丹溪的大补阴丸，集中反映了他"阳常有余，阴常不足"的补阴学派思想。因此代表方的学习要结合其学术思想的特点来理解。常用方是经过很多年临床运用中被公认的、确定有效的方剂。这 3 类方剂可以互相兼跨，很多常用方本身就是代表方，有些基础方也具有代表方的特点，也可以兼跨。每一类方剂在学习的要求上是不同的。这样可以执简驭繁，培养学生学习、分析、运用方剂的能力，特别是在临床组方的能力，能够为学习中医临床课程奠定基础。常用方中临证组方、随证遣药的配伍技巧将在体察领悟中得到切实提高。

学术年谱

川派中医药名家系列丛书

邓中甲

1943 年 10 月 19 日出生。

1958 年就读于北京师范大学附属中学。

1961 年复习读书，读高二高三。

1963 年于北京师范大学附属中学毕业。

1970 年 8 月毕业于北京中医学院。毕业后分配到四川省第五十二军医院参加医疗队，进驻泸定县中医院工作，任中医师。3 个月后任医务办公室主任。

1978 年考入成都中医学院大专院校毕业生进修班，进修一年。

1979 年留校工作，担任彭履祥教授助手，跟随其上门诊，直至 1982 年彭教授生病去世。

1986 年任成都中医学院方剂教研室主任。

1991 年任成都中医学院基础部副主任。

1994 年任成都中医学院基础部主任。

1995 年任成都中医学院基础医学院院长。

1996 年任中华全国中医学会方剂专委会副主任委员。

1997 年于美国俄勒冈州波特兰市国家自然疗法医学院任经典中医系顾问。

1998 年于香港中文大学教方剂学。

1999 年于台湾长庚大学中医系教中医基础理论。

2000 年于台湾长庚大学教方剂学。

2001 年起在长庚大学同时讲授中医基础理论和方剂学，并带教学诊，每周两次，共 7 年。

2002 年获"国务院政府特殊津贴"。

2014 年退休，至今仍忙于诊务。

附 录

一、编写论著

1.《著名中医学家的学术经验》（编委），湖南科学技术出版社，1981 年

2.《中医病因病机学》（编委），人民卫生出版社，1987 年

3.《中医学导论》（西南西北片区高等中医药院校试用教材）（副主编），贵州人民出版社，1987 年

4.《中医方剂学解题指导》（高等教育自学考试中医专业用书）（编委），成都科技大学出版社，1992 年

5.《方剂学》（中医学类专科教材第一版）（副主编），中国中医药出版社，1994 年

6.《方剂学》（普通高等教育中医药类规划教材）（编委），上海科学技术出版社，1995 年

7.《人生十万个为什么》（编委），巴蜀书社，1997 年

8.《中国医学名著·医方集解》（编委），辽宁科学技术出版社，1997 年

9.《现代中医病理学基础》（编委），上海科学普及出版社，1998 年

10.《方剂学习题集》（全国中医院校各科课程习题集）（编委），上海中医药大学出版社，1999 年

11.《方剂学》（普通高等教育中医药类规划教材教与学参考丛书）（编委），中国中医药出版社，1999 年

12.《中医学》（全国高等医药院校教材第五版）（副主编），人民卫生出版社，1999 年

13.《中医药高级丛书·方剂学》（副主编），人民卫生出版社，2002 年

14.《方剂学》（普通高等教育"十五"国家级规划教材、新世纪全国高等中医药院校规划教材）（主编），中国中医药出版社，2003 年

15.《方剂学习题集》（普通高等教育"十五"国家级规划教材、新世纪全国

高等中医药院校规划教材配套教学用书）（主编），中国中医药出版社，2003年

16.《方剂学》（全国高等中医药院校七年制规划教材）（副主编），中国中医药出版社，2005年

17.《方剂学》（全国高等中医药院校对外教育规划教材）（副主编），中国高等教育出版社，2006年

18.《方剂学》（案例式教材）（副主编），科学技术出版社，2007年

19.《方剂学》（全国普通高等教育中医药类精编教材）（主编），上海科学技术出版社，2008年

20.《方剂学讲稿》（主编），人民卫生出版社，2011年

21.《中医思维基本原理》（主编），人民卫生出版社，2015年

二、发表论文

1.朱冰梅，陆懋宣，邓中甲.补肾调肝复方对老龄小鼠自由基代谢的影响［J］.成都中医药大学学报，1995，18（1）：39-42

2.蒋永光，邹世凌，邓中甲.中医临床思维——亟待加强的教学环节［J］.山东中医药大学学报，2001，25（6）：465-467

3.蒋永光，邓中甲，李认书.《方剂学》中基本方现象及其临证意义［J］.中医药学刊，2001，19（1）：382-383

4.贾波，邓中甲，黄秀深.白术茯苓汤及其配伍对脾虚大鼠胃肠激素的影响［J］.成都中医药大学学报，2002，25（2）：13-14

5.贾波，邓中甲，黄秀深.白术茯苓汤不同配伍对脾虚大鼠胃泌素、胃动素血管活性肠肽的影响［J］.中医杂志，2002，43（12）：938-939

6.刘舟，邓中甲.浅析方剂学科在中医学术传承中的作用［J］.湖南中医学院学报，2004（21）：28-29

7.刘兴隆，邓中甲，贾波.君臣佐使组方原则质疑［J］.湖南中医学院学报，2004，（11）：48-49

8. 王华楠，邓中甲. 从阴阳五行之性味配伍论方之整体观［J］. 辽宁中医杂志，2005，32（12）：1243-1244

9. 胡鹏，张利，邓中甲. 半夏功效发展的历史沿革［J］. 中医药学刊，2005，24（2）：359

10. 邓中甲，刘舟，贾波.“桥梁”学科重传承　特色分明为教学——《方剂学》编写思路与体会［J］. 中医杂志，2006，47（8）：621-622

11. 王华楠，邓中甲. 试从阴阳五行探源方剂的气味配伍［J］. 河南中医，2006，26（2）：6-7

12. 王华楠，邓中甲. 论五行为本的药味配伍立方［J］. 山东中医杂志，2006，25（2）：82-83

13. 贾波，曹兰秀，邓中甲. 细辛毒性及配伍解毒实验研究［J］. 江西中医学院学报，2006，18（2）：50-51

14. 文颖娟，邓中甲. 环境、体质与复方的互动——也谈中药复方研究的思路［J］. 北京中医，2006，25（3）：153-155

15. 王华楠，邓中甲. 中国艺术的气韵生动对在中医脉诊中感悟气机变化的启示［J］. 河南中医，2006，26（11）：10-12

16. 林渊. 论单味中药功效发挥方向的控制［J］. 陕西中医学院学报，2006，29（2）：56-57

17. 文颖娟，汤小虎，邓中甲. 和而不同——中医思维核心思考［J］. 国医论坛，2006，21（6）：21-22

18. 汤小虎，唐辉，邓中甲. 谈中医养生保健方的致中和思想［J］. 陕西中医，2007，28（8）：1003-1104

19. 贾波，邓中甲，陈薇，等. 广防己肾毒性及配伍解毒实验研究［J］. 辽宁中医杂志，2007，34（2）：234-235

20. 叶俏波，李卫民，邓中甲. 从方药共荣发展史谈配伍环境和技巧的重要性［J］. 辽宁中医杂志，2008，35（12）：1836-1837

21. 文颖娟，邓中甲. 浅议生态环境对单味中药功效发挥方向的影响［J］. 陕

西中医，2008，29（11）：1535-1536

22. 李德顺，邓中甲. 治法的层次性理解［J］. 湖北中医杂志，2008，30（1）：23-24

23. 李卫民，邓中甲. 方剂配伍之动态整体思想［J］. 辽宁中医杂志，2008，35（3）：336-337

24. 李德顺，邓中甲. 用道家"和"的观点审视中医"和法"［J］. 中华中医药学刊，2008，26（3）：622-624

25. 李卫民，邓中甲. 试论中药五味理论［J］. 时珍国医国药，2008，19（2）：498-490

26. 刘舟，邓中甲. 从中国古代尚"和"思想看中医方药配伍［J］. 时珍国医国药，2008，19（6）：1484-1485

27. 文颖娟，邓中甲. 温胆汤研究进展探析［J］. 光明中医，2008，23（8）：1234-1235

28. 文颖娟，邓中甲. 病机在配伍环境中的作用［J］. 浙江中医杂志，2008，43（9）：502-503

29. 刘舟，叶俏波，刘兴隆，等. 邓中甲教授论治肺癌经验介绍［J］. 新中医，2008，40（1）：18-19

30. 吴施国，邓中甲. 邓中甲治疗肿瘤的学术思想总结［J］. 辽宁中医杂志，2008，43（9）：502-503

31. 吴施国. 邓中甲教授谈医德［J］. 光明中医，2008，19（6）：324-325

32. 刘舟，张卫华. 扶正祛邪　斡旋升降——邓中甲论治肺癌经验［J］. 江苏中医药杂志，2009，41（2）：20-21

33. 吴施国，邓中甲. 邓中甲治疗肿瘤的学术思想总结［J］. 辽宁中医杂志，2009，36（5）：674-675

34. 李卫民，邓中甲. 地黄运用的历史沿革［J］. 四川中医，2009，27（3）：49-51

35. 李卫民，邓中甲. 探讨地黄道地药材的历史变迁［J］. 陕西中医，2009，

30（4）：473-474

36.由凤鸣，邓中甲.从剂量对中药功效发挥方向的影响论中药的矢量性［J］.辽宁中医药大学学报，2010，12（5）：120-121

37.李德顺，邓中甲.古代气候寒暖变迁对解表方剂创立的影响［J］.中华中医药学刊，2010，28（8）：1374-1375

38.周滢.邓中甲运用药对治疗肿瘤经验［J］.北京中医药，2010，29（11）：836-837

39.周滢.邓中甲临床药对的配伍选析［J］.中国实验方剂学杂志，2010，16（7）：204-205

40.周滢，周梅，江玉，苏咏梅.邓中甲治疗肿瘤的药对配伍［J］.中国实验方剂学杂志，2010，16（10）：218-219

41.刘舟，邓中甲.方剂中配伍组合作用解析［J］.辽宁中医药大学学报，2011，13（8）：157-158

42.刘舟，张卫华，邓中甲.方剂中配伍组合作用解析［J］.辽宁中医药大学学报，2011，13（8）：157-158

43.秦凯华，邓中甲，李达.邓中甲教授临床运用逍遥散经验举隅［J］.陕西中医药大学学报，2012，35（3）：29-30

44.周滢，周萍.邓中甲教授治疗肝癌经验分析［J］.中国实验方剂学杂志，2012，18（2）：260-261

45.秦凯华，李达，邓中甲.浅谈九味羌活汤的配伍特点［J］.求医问药，2012，10（3）：251-252

46.秦凯华，李达，邓中甲.生姜大枣配伍应用浅析［J］.陕西中医学院学报，2012，35（2）：67-68

47.高翔，张晓丹.双向调节法治疗肺癌［J］.中医杂志，2017，58（14）：1244-1246

48.贾志超，张晓丹.邓中甲教授脾胃病证治经验［J］.中国中医药现代远程教育，2017，15（23）：83-85

49. 贾志超，彭鑫，张晓丹. 邓中甲运用"提壶揭盖"法治疗便秘经验［J］. 湖南中医杂志，2018，34（8）：32-33

50. 张晓丹，刘兴隆. 邓中甲运用调固结合法治疗习惯性流产经验［J］. 辽宁中医杂志，2018，45（7）：1366-1368

51. 张晓丹，陈西平. 邓中甲运用平调散结法治疗肠癌经验［J］. 中华中医药杂志，2018，33（8）：3396-3398